SECOND BRAIN《セカンドブレイン》

時間に追われない「知的生産術」

A PROVEN METHOD TO ORGANIZE YOUR DIGITAL LIFE AND UNLOCK YOUR CREATIVE POTENTIAL

ティアゴ・フォーテ
春川由香 訳

東洋経済新報社

BUILDING A SECOND BRAIN
TIAGO FORTE

はじめに

究極まで効率的なデジタル・メモ術「セカンドブレイン」がもたらすこと

ここ最近、なにか大事なことを思い出そうとしても、思い出せなかったという経験はありませんか？

SNS、ウェブサイト、動画、本、ポッドキャスト……と、アクセスできる情報が増え、われわれはとうてい消化しきれない量の知識を日々摂取しています。

ひらめいたり、出会ったりしたすばらしいアイデアのうち、実行に移す機会もなく忘れてしまうものがどれほどあるでしょう？

行動・思考法・生き方について専門家が説くのを読んだり、聴いたり、観たりするのに何時間もかけたけれど、その知識を活かしきれていない——。

〝あなたのため〟とうたう情報には事欠かないが、結局、問題は解決されない――。

まさに、本書の目的はそんな状況を変えることです。ネットやさまざまな媒体から摂取している情報にムダなものなどありませんが、**唯一の問題は、摂取するタイミングが間違っていること**です。

いま読んでいるビジネス書に、必要としている内容が書かれている可能性はどれぐらいありますか？　受信トレイにあるメールのうち、すぐに目を通す必要があるものは何通でしょう？

でも、いまは必要なくても、のちに必要になるかもしれない……？

その情報を、どうやって「ここぞ」というベストなタイミングで思い出し、最大限活かすことができるのでしょうか。

そう、情報を使えるようにするには、情報をパッケージし、未来の自分に手渡さなくてはなりません。

すべては「ものごとを書き留める」というシンプルな行動からスタートします。

このシンプルな習慣を「パーソナル・ナレッジ・マネジメント（ＰＫＭ）[1]」と言い、この本がこれから解説していく「セカンドブレイン」構築の第一歩だと考えてください。そのしくみは、こんなふうに役立ちます。

・過去に覚えたこと、目や耳に触れたこと、考えたことを秒速で見つける
・知識を整理・活用して着実にプロジェクトを進め、目標達成を目指す
・頭に浮かんだ最高の考えを保存し、あとから探し出す二度手間を省く
・アイデアを結びつけ、分野の垣根を越えたパターンに気づくことで、人に真似できない解決法を導き出す
・雑用は「セカンドブレイン」に任せ、〝仕事のスイッチ〟を切ってリラックスする
・探し物にかける時間を減らし、クリエイティブな仕事で自分の能力を発揮する

情報との関わり方を変えると、テクノロジーはたんなる記録媒体ではなく、思考のためのツールであることが見えてくるでしょう。使い方さえきちんと学べば人の認識能力を高め、目標へ向けて人を加速させるのです。

わたしの講座を受けている生徒たちからは〝個人用クラウド〟〝フィールドノート〟〝外づけの脳〟などと呼ばれていますが、**「セカンドブレイン」は記憶、アイデア、知**

識のデジタルな倉庫です。スマホひとつで操作できる、ポケットに収納された図書館だと言ってもいいでしょう。

テクノロジーを味方につけ、情報を操ることのできる人は、この時代において目標をやり遂げる力を手にしたも同然ですが、自分の脳みそだけに頼り続ける人は、爆発的に複雑さを増す暮らしにますますついていけなくなるでしょう。

これまでにテクノロジーによる知的生産スキルを身につけるべく、途方もない時間を費やしてきた著者のわたしは、あらゆるツール、秘訣《ひけつ》、テクニックを試してきましたが、本書ではわたしが見つけた方法のうち、もっとも効果的で、もっとも優れたものだけを紹介しています。

最強の「知のストレージ」を手に入れることができるだけでなく、ムダな労力とストレスからはスッキリ解放される――そんな未来をともに手に入れましょう。

1―PKMは1990年代、図書館がインターネットに接続されたことにより突如として膨大な量の情報にアクセス可能となった大学生たちを補助する目的で登場した。企業やそのほかの組織における知識活用法の研究、ナレッジ・マネジメントのいわば個人版。

CONTENTS

PART 1

KICK-START

すべてのノートをデジタル化すると、何が起こるか

PART 2

METHOD

知性の土台「CODE」の4ステップ

07

表現（エクスプレス）――成果をアウトプット ― 170

PART 3

CHANGE

「セカンドブレイン」を使って、何を実現させるか

09 デジタル・デトックスに不可欠な習慣

10 「本当に大切なこと」を見つける――自己表現への道

PART 1

KICK-START

すべてのノートをデジタル化すると、何が起こるか

セカンドブレインの意味

高度な情報化社会は、いまのあなたにとって1％の「本当に注意を向けるべき大事な情報」と、99％の「ゴミのようなどうでもいい《ブルシット》情報」を生み出した。

そのせいで、あなたは自分が本来やるべき仕事ができていない焦燥感にさいなまれているのではないだろうか？

「セカンドブレイン」は、情報を整理し、いま必要なことと、そうでないことを切り分け、もしかしたら将来役に立つかもしれない有益な情報を蓄積しておくしくみだ。

セカンドブレインという大きな武器を手にしたあなたは

- ●仕事のスピードが加速する
- ●時間に余裕ができる
- ●「知的生産性」が爆上がりする
- ●もっともエレガントな解決法を導き出せる

……などのメリットを享受できるだろう。

まずこのパートでは、わたしがこのしくみを構築するにいたった背景と、なぜこのしくみがいまだかつてないほど必要とされているのか、その理由を明らかにしていこう。

01

「知的生産システム」が人生を救った

ずいぶん昔、わたしが大学3年生だったある春の日、これといった原因もなく、喉の奥にわずかな痛みを感じるようになりました。

医者で診てもらっても悪いところはまったくありません。それからの数カ月で症状は徐々に悪化し、より専門的な医師のもとを訪れても異口同音にこう言われました。

「どこも悪いところはありませんよ」

ところが痛みはどんどん増し、治療法は相変わらず見つかりません。しまいにはあまりにも深刻な症状になり、のみ込むことも笑うことも難しくなりました。

わたしは痛みの原因を探し、藁《わら》にもすがる思いで考えられるすべての検査を受けました。

数カ月がやがて数年になり、状況は悪化するばかり。

強い抗けいれん薬をのめば一時的には痛みがおさまるものの、全身の感覚が麻痺したり、深刻な短期記憶障害が起きたりするひどい副作用が起こる。

自分を表現する力はどんどん失われ、落胆は絶望へと変わりました。自由に話すこともできず、友だちづきあい、デート、旅行、やりたい仕事を見つけることなどは、自分の手のひらからこぼれ落ちていくのです。

「メモを書きまくる力」を発見

ある日、新たな医者を見つけて、また違う病院の待合室で診察を待っていたとき、「もう自分でやるしかない」と悟ったのです。

自分の健康と治療法は自分の責任と考えるか、あるいは、解決策の見つからないいまま、残りの人生を病院めぐりに費やすか。

メモ帳を取り出すと、自分の感じていることと、考えていることを書き出しました。既往歴を、自分のレンズを通して自分の言葉で、初めて書いてみました。どの治療法は効果があって、どの治療法は効果がなかったかを一覧にしました。自分の求めること、求めていないこと、犠牲にしてもいいこと、犠牲にはできないこと、痛みの世界から逃れることにどんな意味があるのか。

わたしは立ちあがると受付へ行き、診療記録をすべて見せてほしいと頼みました。

膨大な診療記録をスキャンして自宅のコンピュータに取り込み、デジタル記録に変換することで、検索や再整理、共有ができるようにしました。

すべての情報を1カ所にまとめたことで、パターンが見えるようになりました。医師たちの力を借り、食べ物をのみ込むのに使われる筋肉に問題があることを含む、〝機能性発声障害〟と呼ばれる障害群に行きあたりました。

わたしが患っていたのは薬で治せる病気や感染症ではなく、機能的な障害で、必要なのは体のケアの仕方を変えることでした。

あるとき、食生活の改善や毎日の瞑想など、生活習慣をちょっと変え、音声療法士から教えてもらったボイスエクササイズを取り入れてみたところ、たちまち効果が出ました。痛みは消えませんでしたが、ずっと楽になったのです。[1]

症状を緩和させるのに、メモ帳はどんな薬や治療にも負けないぐらい重要な役割を果たし、また、自分の置かれた状況から一歩下がり、別の視点から見る機会を与えてくれました。

それからは、身のまわりの情報を管理するテクノロジーに夢中になりました。大学を卒業してからはボランティアとしてウクライナ東部におもむき、田舎にある小さな学校で2年間、8歳から18歳までの子どもたちに英語を教えることになったときもメモが大活躍。

元気いっぱいの小学3年生向けには、英語のフレーズ、表現、スラングをワードゲームに組み入れて飽きさせないよう工夫し、年長の生徒向けにはパーソナル・プロダクティビティの基礎――スケジュール管理法、授業でのノートの取り方、目標を設置しての学業計画の立て方などを教えました。

あれから何年も経つのに、わたしのスキルが役に立っていると、昔の教え子たちからいまだにお礼のメッセージが届きます。

ウクライナから帰国したわたしは、サンフランシスコのコンサルティング会社でアナリストの仕事を得ることができました。

日々数百通ものメールを受け取り、複数のデバイスから着信音が鳴り続ける仕事でしたが対処法はただ1つ。とにかく**メモを「書く」ことからスタート**です。

会議中、電話のあいだ、ネットでリサーチ中にどんどんメモ。研究論文に目を通し、クライアントに見せるスライドに使えそうだと思うと、それを書き留める。ソーシャルメディアで見つけたアイデアをメモして、社内でシェア。先輩からのフィードバックは、しっかり理解したことを確かめるために書いておく。新しいプロジェクトに着手するたび、コンピュータ上に専用スペースを設けて、関連する情報をそこへ集めて整理し、次の行動計画を決められるようにする。

情報の海に溺れていたのが、いつしか必要な情報を必要なときに取り出せるまでになっていました。

次なる変化――「シェアする力」を発見

集めたメモやファイルはあくまで自分個人で使うためのものでしたが、世界有数の企業のためのコンサルティング・プロジェクトに関わったことで、これはビジネス上の資産にもなりうるのではと気づきました。

アメリカにおける物的資本、たとえば土地、機械、建物の総価値はおよそ10兆ドルですが、人的資本の総価値はその5倍から10倍と見積もられています[1]。

人的資本には〝人が持つ知識とノウハウ――彼らが受けた教育、経験、叡智、スキル、人間関係、常識、洞察力〟が含まれます。

メモはただのツールではなく、忠実な思考のパートナーです。自分が忘れても、メモは必ず覚えていてくれます。行き詰まり、アイデアが浮かばないときは、可能性と進むべき道を示してくれます。

このアプローチを暮らしのほかの分野にも応用することで、情報をさまざまな目的、プロジェクト、目標のために――総合的に整理する手段を見つけていました。

わたしはこのシステムを**「セカンドブレイン」**と名づけ、そのしくみをブログで発信し始めました。すると想像をはるかに超える反響があり、発表した内容はアメリカの有力なメディアで取りあげられました。

デジタルノートを活用して創造力を強化する方法について書いた記事はビジネスのコミュニティでバズり、ジェネンテック、トヨタ自動車、米州開発銀行などの有名な組織に招かれて講演したり、ワークショップを開いたりしました。

１００カ国を超える国々であらゆる職業に従事する数千人もの修了生を輩出し、セカンドブレインを熱心に実践するコミュニティがつくられました。

本書が目指すのは〝**自己改善**〟ではなく、**あなたの外部にあるシステムの最適化**です。

限界や制約に縛られず、いまという瞬間を生きている実感を得られることのほうへ、気の向くままに進むことのできるシステムです。

1　これにはわたしの参加していた〝クオリファイド・セルフ〟(Qualified Self)コミュニティが力となってくれた。このコミュニティは自身の健康、生産性、気分、言動をたどることで自分自身について理解を深め、その話をみんなで共有する地域の集まりだ。

02

「セカンドブレイン」とは何か？

『ニューヨーク・タイムズ』紙によると、一般の人が１日に消費する情報量はなんと34ギガバイト[I]。

同紙に掲載された別の研究では、わたしたちは毎日、新聞にすると１７４ページ分もの情報を消費しており、これは１９８６年の5倍に相当します[II]。

現代人は情報が多すぎることに疲労困憊し、メンタルに負担がかかり、その結果、

02
「セカンドブレイン」
とは何か？

つねに何かを忘れている気がするのです。
世界中の知識に即座にアクセスできるインターネットは、すべての人たちに教育の機会と情報を授けるはずでしたが、代わりに注意力の欠落をもたらしました。[1]
マイクロソフト社の研究では、アメリカの平均的な社員は、行方不明のメモやアイテム、ファイル探しに年間76時間を費やしています。[III]
また、インターナショナルデーターコーポレイションのレポートでは、典型的な知的労働者（ナレッジ・ワーカー）は、1日の労働時間のうち26パーセントを、さまざまなシステムに分散された情報を探して一元化するのに使っているといいます。[IV]
しかも、彼らが仕事に必要な情報を見つけられる確率は、たったの56パーセントでしかありません。
つまり、週に5日出社しても、そのうち1日以上を必要な情報を探すためだけに費やして、しかも2回に1回は情報を見つけることすらできないということです。
これが、必要な情報をなんでもかんでも〝頭〟に詰め込むことをあきらめ、記憶は機械（インテリジェント・マシン）へ外注すべき理由です。
現代の暮らしでは年を追うごとに高い認知力が求められますが、わたしたちが使っている脳は、20万年前からほとんど変わっていません。

これは人類が発明した英知だ

人ははるか昔から、自分の考えなどを書き留めて世の中を理解しようと努めてきました。

レオナルド・ダ・ヴィンチからヴァージニア・ウルフ、ジョン・ロックからオクティヴィア・バトラーまで――芸術家や知識人たちは何世紀にもわたって頭にひらめいたことをメモ帳、いわゆる〝備忘録〟に記録してきました。[2]

18世紀から19世紀初頭の産業革命期もまた、情報の洪水に見舞われた時代であり、備忘録は個人的な日記や日誌としてではなく、めまぐるしく変化する世界を理解するツールとして知識階級に普及しました。

歴史家でハーバード大学元図書館長のロバート・ダーントンは、『The Case for Books』[v]で備忘録の役割をこう説明しています。

> 本を読むときは1ページ目から読み始める現代の読者とは異なり、近世の英国人はページを読み飛ばし、本から本へと渡り歩いた。
>
> 本の文章を自分のメモ帳のあちこちに断片的に書き写しては、それら

を組み合わせて新たな文章にする。さらにそれを読み直して言葉を入れ替え、抜粋した文章をさらに追加する。そのため、読書と書くことは切り離すことのできない行為だった。

世界は気づきに満ちており、読書と書くことはものごとを理解しようとするたゆまぬ努力であった。メモ帳を読むことで自分の道が見えてくる。そして読んだ本の内容を記録することで、自分自身の人格が刻印されたオリジナルの本ができあがるのだ。[3]

備忘録は教養人が世の中と交流するための扉でした。彼らはさまざまな情報源から知識を結びつけ、自分の考えを刺激しました。

現代社会でも、備忘録はあらゆる人の役に立ちます。

デジタル版「備忘録」

メモや資料はいったんデジタル化すれば、検索・体系化が可能になり、すべてのデバイス間で同期でき、クラウドにバックアップを保存できます。紙に走り書きして、「あとで探して整理すればいいか」と思うのではなく、どこを探せばいいかはいつでも明白なように、自分専用の〝知識の貯蔵庫〟を育てていきましょう。

ライター兼写真家のクレイグ・モドは、「大量の余白への書き込み（マージナリア）[4]を、それをさらに上まわる大容量の備忘録にまとめるチャンスが大きく口を広げている。検索可能で、いつでもアクセスでき、簡単にシェアできて、自分が消費するデジタルテキスト内に組み込まれている」と記しています[VI]。


このデジタル備忘録こそ「セカンドブレイン」です。勉強用のノート、日記、アイデアを記したスケッチブックを1つにしたものと考えてください。


セカンドブレインは生涯、学びの助けとなるようデザインされています。

いまやわれわれはごく自然にデジタルツールを使い、**自分の脳という縛りを超えて思考を拡張**しています。つまり、セカンドブレインはあらゆる場所に存在するといえるでしょう。たとえば……

イベントを記憶し、予定を忘れないようにしてくれているカレンダーアプリ。

コミュニケーション力の延長として、自分の声を海や大陸の向こう側まで届けてくれるスマホ。

記憶力の延長として、数千ギガバイトを収納可能、どこからでもアクセスできるクラウドストレージなど[5]。

これらのツールにデジタルノートを追加するだけで、可能性はさらに広がります。

「たかがメモ」ではない

過去何世紀にもわたり、備忘録を必要とするのは、著述家、政治家、哲学者、科学者などの知的エリートに限られていました。

いまでは、情報の管理能力は万人の必需品と言えるでしょう。

こんにちの労働人口はその半数以上が〝知的労働者（ナレッジ・ワーカー）〟とされています。

彼らにとってもっとも価値ある資産は〝知識〟であり、また、どんな職業でも、アイデアを思いつくこと、問題を解決すること、他者と効率的にコミュニケーションをはかることを求められます。〝ごくたまに〟ではなく、〝つね〟に、確実に、情報を処理しなければなりません。

多くの人は学生時代にノートの取り方を覚えますね。

「ここはテストに出るからノートを取りなさい」と先生に言われたのが最初かもしれません。しかし、テストが終わればノートを見直すことは二度とないのではないでしょうか。これではせっかく学んだことも使い捨てと同じ。

社会へ出ると、ノートに書くメモに求められるものは一変します。

・何をメモすればいいのかさっぱりわからなくなる
・いつどうやってメモを使うのか誰も教えてくれない
・〝テスト〟がいつどんな形で始まるのかわからない
・いつメモを参照してもカンニングにならない。ただし、メモを取っていればの話
・メモしたことをたんにくり返すだけでなく、それをもとにした行動を期待される

これは学校で学んだノートの取り方とは別物です。

社会で通用するいままさに必要なメモとは、「知識の構成要素（ビルディング・ブロック）」――自分自身の視点を通して集められ、頭の外に保存された、情報の単位――です。

ブロックをレゴのように組み合わせると、レポートに形を変えたり、議論のネタになったり、新しい提案が生まれたり、イノベーションが起こったりするなど、より大きな成果物に発展させることができます。

「2つの脳」を持っている人、持っていない人

ここでセカンドブレインを持っている人と持っていない人の1日を比べてみましょう。

Aさんは月曜の朝に起きると、さまざまな思考が頭の中へどっと流れ込んできます。やるべきこと、考えなければならないこと、決めなくてはならないこと。どれも土日のあいだずっと気になっていたことです。

仕事へ出かける準備をしながらも、思考がぐるぐると堂々巡りしています。「何をしなきゃいけなかったっけ?」「なにか忘れている気がするけど……」

慌ただしく家を出たあと、ようやく職場でメールの受信トレイを開いたとたん、新着メッセージの激流にのまれます。

件名には〝大至急〟の文字、送信者の欄には重要なクライアントの名前があり、冷たいアドレナリンが全身を駆けめぐります。これで午前中が潰れるのは確実。

お昼までにやろうと思っていたことは頓挫《とんざ》。いつ終わるとも知れないメールの返信に取りかかります。

対応に追われているうちにヘトヘトになってしまい、考えがまとまりません。

結局、やりたい仕事はあきらめ、頼まれごとで長くなったＴｏ Ｄｏリストを消化します。

「これをやりたい」とＡさんが確信しているプロジェクトに取り組むチャンスが、仕事のあとでもう一度訪れます。

夕食をとり、子どもたちを寝かしつけたら、ようやく自分の時間です。Ａさんの胸にやる気がむくむくとわいてきます。

コンピュータの前に座ったところで、頭に疑問が浮かびます。

「前回はどこまで終わったっけ？　あのファイルはどこ？　メモはどこへ行った？」

準備ができて取りかかるころには、眠くて作業はろくにはかどりません。毎日がこのくり返しです。

職場でのＡさんは優秀で責任感の強い努力家です。彼女にあこがれる人は大勢いるでしょう。彼女の働きぶりにも、暮らしぶりにも、なんの問題もありません。なのに人もうらやむ生活の裏で、彼女は何かが欠けているように感じています。

ここでもう１つの話をしましょう。まったく異なる月曜の朝の迎え方です。こちらはセカンドブレインをつくった人たちから寄せられた話をもとにしています。

月曜の朝に目覚めたあなたは、１週間のスタートを切る意欲に満ちています。身じたくをしながら、さまざまな考えが巡ってきます。ほかの人たちと同様に、多くの心配ごとや責任を抱えていますが、あなたには秘密兵器があります。

シャワーの最中に、仕事のプロジェクトをよりスムーズに進める方法が不意にひらめきます。シャワーから出ると、スマホのデジタルノートにそのアイデアをメモします。家族と食事をしているあいだも、頭の中でそのアイデアを練り、実行へ移す手段を思案します。

子どもに食事をさせて学校へ送るあいだの短い隙間にそれもメモ。職場へと車を運転していると、見落としていた問題点に気づきます。ハンズフリーでスマートフォンのボイスメモに録音。その内容は自動で文字起こしされて保存されます。

オフィスの月曜の朝はいつものごとくめまぐるしく、メールにチャットメッセージ、電話がひっきりなしに入ってきます。

新しいアイデアを同僚と共有すると、彼らは疑問点を挙げて、自分の意見を出してくれます。すぐにそれらをメモ化してセカンドブレインに保存。どうするかを決める前になるべく幅広いフィードバックが欲しいので、ここでは彼らの意見に対する判断は控えます。

あっという間にランチタイムです。食事をとりながら、頭をマクロな視点に切り替えます。

「このプロジェクトの究極的な目的は何だろう？　自分たちはそれを忘れていないか？　開発を目指している製品のビジョンにどうフィットする？　この新たな戦略は株主に、顧客に、サプライヤーに、そして環境にどんな影響があるだろう？」

昼休憩は30分しかなく、これらの疑問を掘りさげる余裕はありませんが、あとから思い出せるようにメモしておきます。

あなたもみんなと同じくスマホを手にしていますが、やっていることは違います。**「暇つぶし」をする代わりに、「価値を創出」している**のです。

午後の会議が始まって新たなアイデアを検討してもらうころには、すでにたくさんのメモが集積されています。アイデア、戦略、目的、課題、疑問点、懸念点、まわりの意見など、午前中の空き時間で集めたものです。

会議前に10分かけてメモを整理します。うち3分の1は優先度が低いため、除外。さらに3分の1は重要課題であり、会議で取りあげることに。残り3分の1はそれらの中間なので、必要に応じて言及できるよう、別個のリストに入れます。

会議が始まり、プロジェクトについての議論がスタート。

すでに最大の問題はさまざまな観点から検証済みで、複数の解決策を立ててあり、全体像もとらえ始めています。何人かの同僚からはフィードバックまでもらい、提案にはそれを織り込んであります。

自分の意見を主張しつつ、チームの意見に耳を傾ける余裕もあります。目標はチームのメンバーそれぞれの意見を役立て、いまの会話を最善の結果へ導くこと。同僚からの重要な意見、新しいアイデア、想定していなかった可能性も、すべてセカンドブレインに記録しておきます。

数日、数週間、数カ月と、こういうやり方で情報を活用していくうちに、心に変化が生じ始めます。自分の思考にパターンがあることに気づくようになります。**行動する理由、自分が本当に望むこと、自分にとって本当に大切なこと——セカンドブレインは鏡となって自分自身を知るきっかけになり、行動に移す価値があるアイデアを映し出すようになります。**

まわりの人たちも、あなたはその他大勢とどこか違うと感じています。「膨大な知識を持っていて、しかもすぐにそれを利用できる人だ」と、まわりが気づき始めます。「すごい記憶力だね」と言われますが、あなたが覚える努力さえしていないことは誰も知りません。「短い時間でこんなにたくさん」と彼らは称賛しますが、実際には、あなたはひらめきの種子をまいて、花が咲いたところを収穫しているだけです。

1 アメリカの経済学者で認知心理学者のハーバート・サイモンはこう記している。「情報が何を消費するかは明確だ。受け手側の注意力を消費するのだ。よって豊かな情報は注意力の欠落を引き起こす……」

2 〝備忘録（コモン・プレイス）〟という言葉の起源は古代ギリシャまでさかのぼる。法廷や政治集会での発言は記録され、すぐに参照できるよう「公共の場所（コモン・プレイス）」に保管された。

3 自身の覚書を記録する習慣はほかの国々でも発生している。中国の〝筆記〟（大まかに訳すと〝ノート〟の意味）は逸話、引用、頭に浮かんだ考え、文学批評、短い架空の物語など、筆者が記録に値すると見なしたものはなんでも記された。日本の随筆（『枕草子』など）は個人の生活を文章で記録した書物だ。

4 〝マージナリア〟とは書物やそのほかの文書の欄外（マージン）に記されたものを意味し、走り書き、コメント、注釈、批評、落書き、図を含む。

5 スマートフォンを紛失したり、インターネットに接続できなかったりして、体の一部を失ったように感じたことはあるだろうか？　それはツールが自身の延長になっているしるしだ。2004年の研究で、アンジェロ・マラヴィータと入來《いりき》篤史《あつし》は、ものを取るのに熊手を使うなど、サルや人間が自分の手の届く範囲を広げるためにつねに道具を使用していると、脳内の神経回路網が体の〝地図〟を書き換え、新たなツールを自分の一部として含めることを発見した。この興味深い研究結果は、外部ツールはわたしたちの頭の延長となりうるし、しばしばそうであることを裏づけている。

02 「セカンドブレイン」とは何か?

03

ムダを手放し、成果を最大化する「4つの機能」

本章ではセカンドブレインの4つの機能がどう役立つのかを見ていきます。

まず、セカンドブレインを導入する前に押さえておきたい、「セカンドブレインの4つのパワー」。

次に、**あなたにとってもっとも大切なことのためにセカンドブレインを進化させる方法。**

そして最後に、情報を「セカンドブレイン」に集約させるための**「CODEメソッド」**をくわしく解説していきます。

まずはセカンドブレインがもたらす「4つのパワー」を見ていきましょう。

スーパーパワーその❶

アイデアがクリアに、解像度が上がる

自分のアイデアでなにかをする前に、頭からアイデアを〝取り出し（オフロード）〟、クリアにしていきましょう。人は頭の中に散らかっていたアイデアを片づけて初めて、明晰に考えることができ、アイデアを効果的に使えるようになるからです。

1953年、アメリカ人のジェームズ・ワトソンとイギリス人のフランシス・クリックという2人の生物学者は、DNAが二重らせん構造であることを発見しました。

2人はアメリカの生化学者ライナス・ポーリングの手法を拝借して模型をつくったのですが、この模型が重要なツールになりました。

DNAの構成要素だとわかっている分子のおおよその形に厚紙を切り、それらをパズルのようにいろいろなやり方で組み合わせてみたのです。

模型を卓上に載せて四方から眺め、分子の配列がすべてぴったり収まる形を模索し

ます。二重らせん構造が、すでに判明している条件すべてに合致する形でした。塩基対が完璧に組み合わさる一方で、元素間の比率も計測したとおりに保たれていました[1]。

20世紀でもっとも有名な科学的発見の、意外な側面といえるのではないでしょうか。

数学的・抽象的思考を得意とする科学者たちでさえ、ここぞというところでは模型という、もっとも昔ながらの手段、つまり〝形あるモノ〟に頼ったのです。

デジタルノートは〝形あるモノ〟ではありませんが、〝目に見えるモノ〟です。漠然とした考えを視覚化し、並べ替えたり、編集したり、組み合わせたりすることができる「モノ」。バーチャルな形でしか存在しないけれど、目で見て指で動かすことができます。

スーパーパワーその❷

アイデア同士がどんどんつながる

クリエイティビティ（創造性）とは**「アイデア同士を結びつけること」**を指します。

一見関連性のないものを結びつけるときこそ、クリエイティビティが発揮されます。

神経科学者ナンシー・C・アンドリアセンは、一流の科学者、数学者、アーティスト、著述家を含む、きわめてクリエイティブな人たちを幅広く調査し、このような結論に至りました。

「クリエイティブな人たちは関係性の認識、関連性およびつながりの発見に長けている」(II)

多種多様な素材を1カ所に保管することで、情報を結びつけることが容易になり、意外なつながりに気づくことができます。

大昔に読んだ哲学書の一節の隣には、この前見つけた気の利いたツイートが。

ユーチューブの動画のスクリーンショットと並んで、名作映画のシーンが。

ボイスメモと一緒に、企画書、役に立つウェブサイトのリンク、最新の研究結果のPDFが。

物理的（フィジカル）な世界では不可能でも、デジタル世界ではあらゆるフォーマットを交ぜ合わせることが可能です。

思いがけないものが飛び出してくるまで、アイデアの順番を入れ替えてみたり、バラエティーに富んだ珍しい素材を放り込んでおけばおくほど、独創的なつながりが見えてくると思います。

スーパーパワーその③

アイデアを孵化させる余裕ができる

イベントの企画、製品のデザインなど、人は作業に取りかかるとき、その場でアクセスできるアイデアだけを利用しがちです。すぐさま自分の脳に結果を要求するこのやり方を、わたしは〝重量挙げ〟と呼んでいます。

たとえば、ブレインストーミングをしてアイデアをたくさん出したところで、いま頭に浮かぶことのみに頼っていることに変わりはありません。

いちばんクリエイティブで、いちばん革新的なアプローチが頭に浮かぶ確率はどれくらいか？　最初に思いついたことがベストだと本当に言えるか？

この傾向は〝直近バイアス〟[III]（recency bias）として知られています。

これは、**人は直近で得たアイデア、解決策、影響を、それらがベストであるかどうかにかかわらず支持しがち**だという脳の傾向のこと。

では、もし、数週分の、数カ月分の、あるいは数年分もの蓄積された知恵が利用可能になったとしたら、どうでしょう。

このアプローチを〝**ゆるい燃焼（スローバーン）**〟と呼びます。おいしいシチューの鍋を火にかけておくように、思考の断片をゆっくり煮込むのです。大あわてでやるのではなく、アイデアを徐々に集積する、より冷静で持続可能なアプローチです。

スーパーパワーその4

鋭い視点に磨きがかかる

セカンドブレインの最終目的は、「あなた自身の考え」を輝かせることです。

プリンストン大学の最新研究で、数年のうちに機械に取って代わられる可能性がもっとも低い職業が発表されました。

上位は、高度な技術や長年の訓練が必要な職種になるとの予測をくつがえし、意外にも、〝情報だけでなく、情報に関する解釈まで〟伝達する能力が求められる職業でした。[Ⅳ]

つまり今後、わたしたちのキャリアとビジネスで重要視されることは、ある特定の見解を持ち、それを人にも説得する能力です。[Ⅴ]

アメリカのジャーナリスト、著述家、映像作家のセバスチャン・ユンガーは「作家の壁」（訳注：クリエイターが新しい作品を生む発想力を失った状態のこと）についてこう記しています。

「行き詰まっているというわけではない。あるテーマについて能力と知識をもって書けるだけの十分なリサーチを行っていない、ということだ。適切な言葉が見つからな

いという意味ではなく、「どちらかと言えば」書くべき材料がないという意味だ」[VI]

クリエイティブな能力に行き詰まっているときは、自分自身に問題があるわけではありません。**腕が鈍ったわけでも、ひらめきが枯渇したわけでもなく、たんにまだ材料が足りないと考えるべき**なのでしょう。

自分の中の「ひらめきの泉」が枯れているように感じるなら、実例やイラスト、ストーリー、統計、図表、類推（アナロジー）、隠喩（メタファー）、写真、マインドマップ、会話メモ、引用など、必要な素材をもっと集めるべきタイミングです。

ノートアプリ選び——セカンドブレインの神経中枢

さて、いよいよセカンドブレインの中枢として、わたしがおすすめするソフトウェアを紹介していきましょう。

それがノートアプリです。[1]

スマホにあらかじめインストールされている無料のアプリから、自分好みの機能つきのサードパーティー・ソフトウェアまで、幅広い選択肢があるでしょう。

●マイクロソフトワンノート（Microsoft OneNote）

- **グーグルキープ（Google Keep）**
- **アップルメモ（Apple Notes）**
- **ノーション（Notion）**
- **エバーノート（Evernote）**

どれを使用してもOKです。デジタルノートには、セカンドブレインづくりに理想的な4つの特徴を備えているものを選びましょう。

①マルチメディアであること

紙のノートには、図面や略図、引用、アイデアを書き込み、さらには写真や付箋まで張ることができますが、同様に、ノートアプリでも幅広い種類のコンテンツを1カ所にまとめておくことができるため、保存先に悩まずにすみます。

②形式張っていない

あくまで雑記帳だと考えてください。つづりが間違っていても、見映えが悪くても問題なし。思いついた瞬間、すぐに書き留められることは、芽生えたアイデアを育むのに不可欠。

③オープンエンド（制限のない自由形式）

メモを取ることはつねに進行形で終わりがなく、どこへつながるかはわかりません。特定の成果物（パワーポイントの資料、スプレッドシート、図形、動画など）を作成する専用ソフトウェアとは違い、目標を決める前の自由な探検向きです。

④行動志向

図書館やデータベースとは異なり、セカンドブレインのノートはすべてを網羅する必要も、厳密である必要もありません。ふと頭に浮かんだことを消える前に記録し、目の前の課題に集中できるようにするためのツールです。

デジタル化することで、検索、共有、バックアップ、編集、リンクづけ、デバイス間の同期など、さまざまな機能が付加できます。どのアプリやツールを採用するかは、使用するデバイス（アップルかアンドロイドか）、仕事のニーズ、好みなどによると思います。

まずは手持ちのメモアプリや、すでに使っているものから始めましょう。もっともベーシックなプランからスタートし、より高度な機能が必要になったらアップグレードすることをおすすめします。[2]

使う前から、求める機能をすべて搭載した〝完璧な〟アプリにこだわってはいけません。必要なのは「完璧なツール」ではなく「頼れるツール」です。

また、ソフトウェアはつねに変動し、新しいアプリが絶え間なく登場し、既存のアプリにも便利な新機能が追加されています。

著者のわたしのサイトBuildingasecondbrain.com/resourcesではノートアプリの最新情報を無料で公開していますので、参考にしてみてください（英語のみ）。

「記憶する」から「思考する」へ

セカンドブレインを取り入れると得られるメリットには、3つの段階があります。

それは「記憶する」「結びつける」「つくり出す」。

まっさきに挙げられるセカンドブレインの用途は**「記憶の補助」**。

デジタルノートを利用して、会議のまとめ、インタビューからの引用、プロジェクトの詳細など、忘れてしまいがちな事実やアイデアを保存します。

あるスタートアップ企業の共同創立者でリードデザイナーを務める人物は、数多くの研究レポートに目を通し、抜粋を記録するのにセカンドブレインを使っています。

レポートの大半はＰＤＦなので、必要な箇所だけをノートアプリに保存し、注釈やコメントを好きなだけつけ加えているそうです。

セカンドブレインの2番目の用途は、**「アイデアを結びつける」**こと。この段階でセカンドブレインは「記憶する」ためのツールから「思考する」ためのツールへと進化します。

メンターからの助言を、別のチームで同じような状況にぶつかったときに役立てる。

本で出会った感動的なフレーズはプレゼンテーションに引用。集めたアイデア同士が引かれ合い、交わります。

あるがん専門医は、患者の診療記録を整理するのにセカンドブレインを使っています。

それぞれの患者の既往歴から、症状がどれくらい続いているか、これまで受けた治療法、腫瘍の特徴に焦点を当てて方針をまとめます。より効果のある治療を目指して、研修と研究で学んだことを患者のニーズに「結びつける」のにセカンドブレインを活用しています。

セカンドブレインの3つ目の用途は、**「新しいものをつくり出す」**こと。ある1つのテーマについて豊富な知識を持てると、それをシェアしたくなるものです。素材が十分に準備されていれば、自分のアイデアと合体させ、ほかの人たちにも積極的に共有していきましょう。

大手テクノロジー企業で働く、3人の子どもを持つ若い父親がいます。わたしの講座を受講後、セカンドブレインを使ってユーチューブチャンネルを開設し、自分の育児エピソードと子育てのアドバイスをシェアするようになりました。たとえば、子どもを海外旅行へ連れていくときのコツや、育児休暇の取り方、週末の家族旅行の様子などを投稿しています。

動画のアイデアと制作のメモを頭の外に記録することで、彼は趣味のユーチューブとフルタイムの仕事を両立し、なおかつ子どもたちとの時間も確保しています。

大事なことを記憶する4ステップ「CODEメソッド」

いよいよセカンドブレインのプロセスを説明するシンプルなメソッド「CODEメソッド」についてお話ししていきましょう。

「CODE」とは、それぞれ**キャプチャー**（Capture）、**オーガナイズ**（Organize）、**ディスティル**（Distill）、**エクスプレス**（Express）の頭文字を取ったものです。

遺伝子コードが目の色や身長を決めているように、人間の想像力には〝クリエイティブ〟コードが組み込まれており、このコードがわたしたちの考え方や、世の中との関わり方を決めています。

情報処理に利用するアプリの〝ソフトウェア〟コードはこれを反映したものです。〝クリエイティブ〟コードは歴史上ほとんどの時代で秘密のコードとなっていました。

そのしくみがようやく解き明かされるときが来ています。[3]

では、それぞれを簡単に説明していきましょう。

◆キャプチャー——心に響くものをキープ

スマホやコンピュータを起動するたび、コンテンツがあふれ出し、たちまち情報の渦にのみ込まれる——確かに、その多くは有益で興味深い情報でしょう。

情報の激流から少し離れ、観察者の視点で、脳内をどの情報で満たしたいか、意識的に決め、本当に注目すべきアイデアや知識のみを〝収集（キャプチャー）〟するべきです。

さらには「やみくも」に情報収集していないでしょうか。

メモを取って自分のメール・アドレス宛に送る、資料のアイデアをブレインストー

情報を発展させる「CODE」メソッド

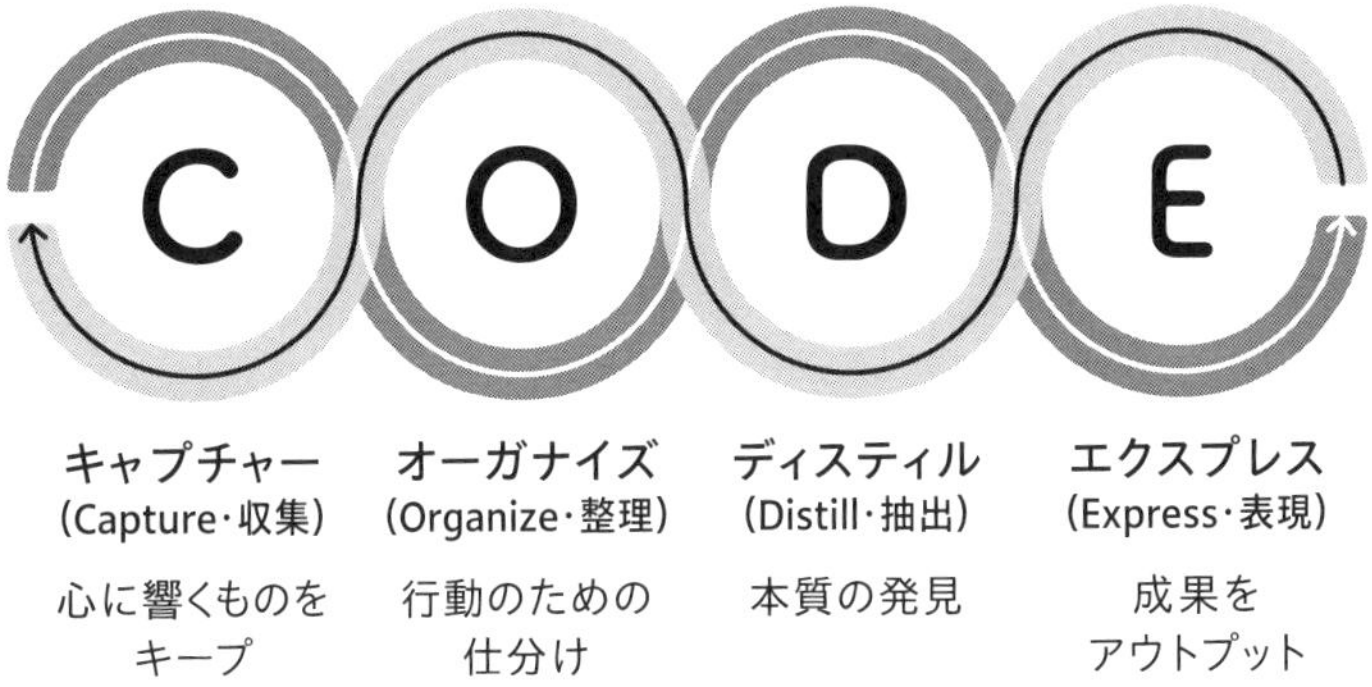

ミングする、読んでいる本にハイライトをつける。ところが、それらの情報はつながることなく散らばったままではないでしょうか。

せっかくのひらめきも、フォルダの中に隠れていたり、クラウド上に漂っていたり。

解決策は、決めた場所に**「心に響くものだけをキープ」し、ほかは放っておくこと**です。

心に響くものは、直感レベルで人を動かします。しばしば心に響くアイデアとは、人生を変えてしまうほど役立つ可能性を秘めています。

心に響く理由など考えず、シンプルにおもしろい、興味をそそられる、不思議、ワクワクする。そんな感覚が、キャプチャーすべきというサインです。

意識して心に響く感覚に気づけるようになると、メモの取り方が上達するうえ、自分自身について、より深く理解できるようになります。その点については詳しく後述していきましょう。

●オーガナイズ——行動のための仕分け

心に響くアイデアをメモとして収集（キャプチャー）し始めると、いずれそれらを整理する必要を感じるでしょう。

そうなると、メモをすべて保存できる完璧なフォルダをつくりたくなるものです。たとえ可能だとしても、このやり方はあまりにも時間と労力を要します。

また、多くの人は情報をテーマ別に整理しがちです。たとえば地元の図書館と同じように、本を探すときに、〝建築〟〝ビジネス〟〝歴史〟〝地質学〟など、大まかなカテゴリーで調べるあのやり方です。

そんな分類はセカンドブレインには必要ありません。デジタルノートにはもっと手軽な整理法があります。

端的に言ってしまうと、**「いま、取り組んでいるプロジェクト」に使えるか、使えないかが基準**です。

すぐに行動に移せるかどうかで判断すると、莫大な情報もすっきり整理でき、当てはまらない残りはすべて目に見えないところに除外することができます。

●ディスティル――本質の発見

重要と思われるアイデアを収集し、行動に移せるかどうかで整理し始めると、それらにパターンや結びつきがあることに必ず気づきます。

ガーデニングに関する記事が営業のヒントに。クライアントからの何気ない言葉が、ウェブページづくりのアイデアに。

人の頭は火にかけた連想のフライパンだと考えてください。

種をひとつかみ入れると、ポップコーンのように新しいアイデアがポンポン弾けます。それぞれのメモはアイデアの種で「すでに知っていること」、「そのテーマについてすでに考えていること」のリマインダーです。

この連想プロセスを加速させる方法が〝メモの本質の抽出（ディスティル）〟。

すべてのアイデアには核の部分、すなわち〝本質〟があります。**説明に何百、何千**

ページと費やされている複雑な考察でも、その核となるメッセージはつねにほんの1、2文で言い表せるもの。

アインシュタインはその革命的な理論を、E＝mc2という有名な方程式に要約しました。彼の理論をこれほどシンプルな式にまとめることができるなら、どんな記事や書籍、動画、プレゼンテーションであっても、ひと目で理解できるよう要点をまとめられないはずはありません。

メモの要点をひと目でわかるようにすることがなぜ大切か？

それは仕事中に、去年読んだ本について書かれた10ページもあるメモを読み返す時間はないからです。

読んだときにハイライトをつけることで内容をすぐに思い出せますし、メモを取るときに「どう工夫すれば未来の自分にもっとも役立つだろう？」と問いかけることで、そのメモを保存した理由、いまの自分の考え、注意を引いたポイントをつけ足す習慣ができるでしょう。

読み返したときに理解できなかったり、長すぎて理解する気にもなれなかったりするようなメモは使いものになりません。

エクスプレス――成果をアウトプット

03 ムダを手放し、成果を最大化する「4つの機能」

ここまでの3つのステップ——収集（キャプチャー）、整理（オーガナイズ）、抽出（ディスティル）——はすべて、自身のアイデア、ストーリー、知識をほかの人たちと共有するための準備です。

誰の助けにもならず、何も生み出さなければ、知識になんの意味があるでしょう?[4] 体重を落とす、仕事で昇進する、副業を始める、地域コミュニティを強化するなど、目指すものがなんであれ、パーソナル・ナレッジ・マネジメント（PKM）は人の行動を応援するために存在します——それ以外は必要ありません。

好奇心旺盛で学ぶことが好きな人は、情報をどんどん集めるばかりで、次のステップへ進んでそれを実践することがない、という落とし穴にはまりやすいのです。

調査結果をごまんと集めながら、自分は提案ひとつしない。ビジネスの事例集を大量に収集しながら、潜在的なクライアントに売り込みひとつかけない。ありとあらゆる人づきあいのアドバイスを学んだのに、誰ひとり食事へ誘ったことがない。

経験は人生を豊かにしてくれるものなのに、ついいつまでも先延ばしにしてしまう。まだ準備ができていない。いまの自分ではダメだ。情報がほんの少し足りないせいで失敗するかもしれないと思うと耐えられない……。

そんな生き方はいますぐやめましょう。

情報は活用してこそ、自分の血肉になります。

知っていることが実生活で役に立つとわかって初めて自分に自信がつくもの。それまではただの「仮説」にしかすぎません。

消費するよりつくり出すことへ、なるべく多くの時間と労力を注ぐほうがいいのはこのためです。[5]

わたしたちはみな、すばらしいもの、本物や美しいものに命を吹き込み、創造したいという欲求を生まれながらに持っています。[VII]

新たにものを生み出すことは、深い満足感が得られる行為であるだけでなく、他者にポジティブな影響を与えることができます。

では何をつくればいいのでしょう?

答えは、自身のスキル、関心、個性しだいです。

分析することが好きなら、さまざまなキャンプ用品を比較しておすすめリストをつくり、友だちとシェアする。

教えるのが好きなら、レシピをソーシャルメディアやブログに公開する。

地域の役に立ちたいなら、市議会への陳情計画を策定する、など。

比較する、シェアする、教える、まとめる、公開する、改善を訴える、[6] これらはどれも表現活動です。

外部から原材料を集め、時間をかけて洗練させるプロセスがあり、どれも最終的には自分にとって大事な人やものごとに影響を与えます。

いま簡単なウェブサイトをつくっておいて、ページを少しずつ追加していく。いま草稿を作成しておいて、時間があるときに修正する……など、スタートを切るのが早いほど、早く改善にのり出せます。

1 CODEメソッドの実践者の多くが紙のメモを使い続けている。メモをデジタル化して安全な場所へ保存できるようになったあとのほうが、より紙のメモを使うようになったという人もたくさんいる。アナログとデジタル、どちらが優れているかという問題ではなく、大事なのは使いやすいツールを選ぶことだ。本書で取りあげるのは主にデジタルノートの可能性である。

2 多くのアプリには標準形式でメモをほかのアプリへエクスポートする機能がついている。わたし自身はプラットフォームを二度替えており(マイクロソフトワードからグーグルドキュメント、その後エバーノート)、テクノロジーの進歩に合わせて今後も定期的に新たなプラットフォームへ乗り換えるつもりだ。

3　すばらしい偶然だが、ノルウェー科学技術大学の神経生理学者マイブリット・モーセルとエドバルド・モーセルによる研究は、人の脳が情報を記憶するのに〝グリッドコード〟――脳内で空間情報処理に関わる部分――を使用していることを示唆している。彼らは、「よってグリッドコードはなんらかの測量もしくは座標システム」であり、「多くの情報を独自の方法で効率的に表す」ことができると推測している。

4　〝プロダクティビティ〟という言葉は、〝生産する〟という意味のラテン語の動詞（producere）と同じ語源を持つ。1日の終わりになんらかのアウトプットか結果を示すことができなければ、あなたが生産的であったかどうか疑わしい。

5　オンラインでの時間の過ごし方に不満を抱えている人たちのほとんどが、多ければ多いほどよい、いくらあっても不十分だ、いますでにあるものでは足りないと、情報に対して消費主義的である。〝いちばんいい〟コンテンツを見つけようとする代わりに、何かをつくることに専念してはどうだろうか。そのほうがより大きな満足感を得られる。

6　そのほか、表現の同義語としては、公開、話す、プレゼンテーション、パフォーマンス、生産、執筆、描く、解釈、批評、翻訳などがある。

PART

2

METHOD

知性の土台「CODE」の4ステップ

収集し、整理し、
抽出し、表現する

情報は贅沢品ではない。生きるための最低必需品だ。体に取り入れる食べ物と同じく、摂取する情報を選ぶことは、われわれの義務であり権利だ。

自分のためになる情報、増やしたい情報、減らしたい情報、そして最終的にはその情報をどうするかを決められるのは自分だけ。あなたの摂取するものがあなたをつくる――これは食べ物にも情報にも言えること。

自分がもっとも興味を引かれ、役に立つアイデアを集めるところから始めてみてほしい。

いつのまにか、自分の頭の中が〝デジタル情報のゴミ屋敷化〟してしまわないように、情報整理の基本を押さえておこう。

本パートでは前章で触れた「CODEメソッド」をさらに詳しく見ていくこととする。

著者のわたしの実例を交じえながら、日々目にしている情報の〝重要なところ〟を拾い、実際に成果物へとアウトプットするプロセスを紹介していこう。

04

収集（キャプチャー）

——心に響くものをキープ

2章では前世紀の知識人や著述家がつけてきた備忘録の歴史に触れましたが、こんにちのクリエイティブな人たちも同じことを実践しています。

ソングライターはこれからつくる曲に使える歌詞やリフレインを集めた〝サビのコレクション〟を、ソフトウェアエンジニアは便利なコードにすばやくアクセスできるよう〝コード集〟を、弁護士は過去の判決の詳細を参照できるよう〝判例集〟をつくっています。

マーケターやアドバタイザーはとくに優秀な広告を集めた〝スワイプファイル〟（訳注：優れた制作物のサンプル集）を保存しているでしょう。

これと同じ視点を日々の仕事へどう応用するかが、わたしたちに課せられた課題です。具体的な用途もはっきりしていないのに、どのような情報に保存価値があるのか？　それに答えるには、〝知識〟の定義をぐっと拡大する必要があります。

現代のデジタル世界では、知識はたいてい〝コンテンツ〟として現れます。つまり、文書からの抜粋、スクリーンショット、ブックマークした記事、ポッドキャスト、そのほかのメディア。自分が外部ソースから集めたコンテンツのほかに、作成したメール、企画書、ブレインストームしたアイデア、考えを書き留めたメモもコンテンツに含まれます。

これらは価値のない雑多な収集物ではなく、自分の知っていることを具体的な形にした〝知識資産〟です。[1]

知識資産は自分の外側の世界からも、自身の内なる思考からも生まれます。外側にある知識には次のようなものが含まれます。

・ハイライト――読んだ本や記事でピンときた箇所
・引用――ポッドキャストやオーディオブックからの記憶に残る一節
・ブックマークとお気に入り――ウェブで見つけたおもしろいコンテンツや好きなSNSの投稿へのリンク
・ボイスメモ――〝自分宛のメモ〟として携帯機器に録音したメッセージ
・ミーティングのメモ――会議や電話で話した内容のメモ
・イメージ――写真や画像など、興味を引かれたり、ひらめきを覚えたりするもの
・要点――出席した講座や会議、プレゼンテーションから得た知識

周囲を見まわせば、多くがすでに存在するのがわかるでしょう。あとはそれらを集め、最初の種として知識の庭へまくだけ。

外側の世界から素材の収集に取りかかると、内側の世界が触発されて、新たなアイデアや気づきが生まれることがあります。これらには次のものが含まれます。

・ストーリー――あなた自身やほかの人が体験したお気に入りのエピソード
・洞察――あなたが得た小さな（あるいは大きな）気づき
・思い出――忘れたくない人生の経験

・内省――日誌や日記に記した個人的な考えや教訓
・所感――頭に浮かんだとりとめのない〝アイデアのシャワー〟

いまはとりあえずこれらのコンテンツから、自分がいいなと思うものを2、3種選んでみましょう。

ゆくゆくは何十もの異なるソースから収集することができるようになりますが、まずは小さく始めてみてください。

〝保存してはいけない〟もの

とはいえ、セカンドブレインへの保存に適していない情報がいくつかありますので、これらは除外しておきます。

●漏洩すると困る情報

いくら便利でも、納税記録、公的文書、パスワード、診療記録などは保存するのに適していません。安全性に保証がないからです。

●専用アプリで開いたほうがいいフォーマットやファイル

フォトショップファイルなどをメモとして保存することは可能ですが、開くのになどのみち専用アプリを使うため、保存する利点はありません。

●ファイルサイズが巨大

ノートアプリは軽くて短いコンテンツのためにつくられています。ファイルサイズの大きなものを保存すると動作が遅くなりがち。

●共同編集が必要なもの

ノートアプリは個人で使用するには問題ありませんが、1つのドキュメントをリアルタイムで共同編集するなら、別のプラットフォームを使いましょう。

あのノーベル賞受賞者が活用する「12の質問」

大量のコンテンツに囲まれていても、「これは保存する価値がある」と簡単に判断する方法があります。名づけて「(人生のカギになる) お気に入りの12の質問」。

ノーベル物理学賞受賞のリチャード・ファインマンからヒントを得たやり方です。

ファインマンは理論物理学と量子力学における画期的な発見で知られ、1965年にノーベル賞を受賞しています。スペースシャトル・チャレンジャー号爆発事故の調査員として中心的な役割を果たし、数冊のエッセイを上梓《じょうし》しました。

1人の人間がいかにして多くの分野で多くの貢献ができたのか？　ファインマンはその秘訣をインタビューでこう明かしています。(1)

「お気に入りの12の質問」をつねに頭に入れておくこと。それらの問題はほぼ休眠状態でかまいません。新たなやり方や理論を目や耳にしたら、12の質問を解くのに役立つか試してみます。すると、それが問題解決へつながることがときどきあり、「どうやったんだ？　あいつは天才だ！」と大騒ぎされるわけです。

つまりファインマンのやり方とは、「未解決の12の質問を頭に入れておくこと」でした。新たな科学的発見があると、それを12の質問へ当てはめ、新たな見方ができないか確認する。このアプローチのおかげで、彼は**一見関連性のないものごとを縦横に結びつけてきた**のです。

『ファインマンさんの愉快な人生』(II)で語られているように、ファインマンはディナーの席でのハプニングから物理学のヒントを得たことがあります。

……彼がコーネル大学の学食で食事をしていると、誰かがふざけて大皿を投げあげた。縁のところに大学の紋章がついたその皿が空中に飛びあがった瞬間、彼はずっとのちに啓示と考えるようになったある経験をしたのだ。皿はくるくるまわりながらぐらぐら揺れている。紋章のおかげで、その回転と揺れが一致していないことに、気づけた。その一瞬、あるいは物理学者の直感からか、その2つの動きに関係があるように思えたのだ。

紙に書いて計算してみると、大皿の回転と揺れの速度は2対1の割合だとわかりました。深部で物理原則が作用していることを示す簡潔な関連性です。「それがわかって何になる?」と同僚の物理学者たちに言われ、ファインマンはこう答えています。「別に重要な意味なんかないよ……。意味がなくたって、ちっともかまわないんだ。だけど、おもしろいだろ?」

結果、彼は回転の背後にある方程式を調べることでついには重要な意味を見出し、最終的にはノーベル賞受賞へとつながる研究へつながりました。

行く先など気にせず興味のあることを追うのがファインマン流のアプローチ。「12の質問」をつねに頭に入れておき、読書や会話や日常生活でアンテナを立てておく。そうやって見つけた答えや関連性が、ほかの人からは天才のひらめきに見えるのです。

ヒントは「子ども時代」にある

「自分が昔から関心を持っている問題はなんだろう?」と考えてみましょう。

わたしの生徒たちが教えてくれた質問の例を挙げてみます。

・過去のことをクヨクヨせず「いま」を生きるには?
・自分の中期的/長期的目標の立て方は?
・無分別な消費をやめるには?
・子どもを寝かしつけたあとテレビを観るのをやめて早く寝るには?
・よりエコで持続可能な事業を目指しつつ、収益も保つ方法は?
・仕事で責任が増えることへの不安を克服するには?
・特別な援助を必要とする生徒への支援を学校側が増やすには?

・溜まっている本を読み始めるには？
・スピードアップとリラックスを同時に行う方法は？
・もっと人々のニーズに応える医療制度を実現するには？
・もっと簡単に健康的な食事をするには？
・もっと自分の決断に自信を持つには？

ここで重要なのは、1つの答えに縛られない（オープンエンドの）疑問にすることです。自分の好奇心を刺激する疑問を見つけること。

ヒントは**幼少期、自分が何に夢中になっていたか**、ということにあります。

じつは子どものころの興味は、大人になってもそれほど変わりません。

それらにまつわるコンテンツで収集したものは、おそらく今後も価値を失わないでしょう。

わたしが幼少期に夢中になったのはレゴでした。

両親いわく、わたしのレゴの遊び方は変わっていて、ブロックを組み合わせるのではなく整理するのが好きで、形もサイズもばらばらの数千ピースものブロックを、色別、サイズ別、テーマ別と、新たな分類の仕方でまとめるのに熱中していたのだそうです。

雑然としたモノの集まりからクリエイティビティを生み出すには？――この疑問はこんにちにいたるまでわたしのエネルギーになっています。

次のようなポイントに気をつけながら、皆さんもここで自分ならではの質問を書き出してみましょう。

- 子どものころ、何に夢中になっていたかを身近な人たちに尋ねる（たいてい好きなことは大人になっても変わらない）
- ぴったり12個でなくてＯＫ（でも、最低2、3個は欲しい）
- 完璧なリストにしなくてもいい（とりあえずやってみて、あとから変更可能）
- いくつでも答えがありうる（オープンエンドの）疑問にする（答えが1つしかないイエス／ノー形式にしない）

「保存しすぎ（または保存不足）」を防ぐ

セカンドブレインに保管しておきたいことが明確になったら、次は役に立ちそうな情報を具体的に選択していきます。

たとえば、尊敬しているマーケティングの専門家が書いたブログの記事を見つけたとき。問題は、それが長さ数千字にもおよぶこと。あとで読むためにリンクをブックマークだけしておきたくもありません。URLだけではそもそも内容がわからないのですから！

この状況からの脱出法として、まずは**どんなコンテンツも、〝価値は均等に配分されていない〟ことを認識しましょう。**

特に興味深い、役に立つ、自分にとって価値のある箇所が必ずどこかにありますから、もっとも重要で、関連性が高く、内容のある素材のみを抜き出し、簡潔なメモとして保存します。

本の章を丸ごとではなく、厳選した一節だけを保存。インタビューの書き起こしを全文ではなく、心に残る言葉だけを保存。ウェブサイトを丸まるではなく、もっとも興味を引かれるセクションだけスクリーンショットを撮る——。

ところで、デジタルノートへの収集を始めた人たちが陥りやすい最大の落とし穴は〝保存しすぎ〟なのですが、どの知識に保存価値があるかを決めるときは、4つの判断基準を絶対に守ってください。

●収集の判断基準その1　ひらめきがあるか？

心を動かすひらめきに満ちた引用、写真、アイデア、ストーリーを集めましょう。気持ちが切り替えられるもの、知らなかった新たな視点、モチベーションを高めてくれるようなもの。必要なときはそれらに目を通し、想像力を刺激するもの。

●収集の判断基準その2　役に立つか？

雑多なものが意外にも、のちのちの仕事で重要なピースになることがしばしばあります。とくにひらめきは覚えないけれど、将来役に立ちそうな情報に出会ったら保存。統計、参考資料、研究結果、あるいは便利な図表なども保存対象です。

●収集の判断基準その3　個人的なものか？

情報の中でもっとも収集価値のある種類の1つが個人的な情報です。自分の考え、考察、思い出、未来の自分へのいましめ——日誌や日記をつけるように、メモによって生活を記録すると、どうやっていまの自分があるのかをよりよく理解することができます。

●収集の判断基準その4　驚きはあるか？

すでに知っているアイデア、すでに納得していること、あるいは推測できることばかり集めているという人をよく見かけます。

人は自分がすでに持っている考えを裏づけるものを無意識に集める傾向があり、〝確証バイアス〟という典型的な脳のクセの1つです。[III]

現代テクノロジーへの道を拓き、情報理論の父として知られるクロード・シャノンは、〝情報〟とは驚きを与えるものであると簡潔に定義しました。[IV]

いまの自分の理解力に収まらない情報には、人生を変える潜在力があり、「驚き」はそんな情報を判別する優れたバロメーターです。

セカンドブレインをたんに自分がすでに知っていることを裏づけるための手段にしてはいけません。

わたしたちはすでに、自分と同じ好みばかり流してくるアルゴリズムや、自分の信念を強化するだけのソーシャルネットワークに囲まれているのですから。

自分の考えとは必ずしも一致しない、互いに相反するアイデアを保存すれば、さまざまなソースから多角的に思考する習慣が身につきます。

最終的には、心揺さぶるものを収集する

ここまでの判断基準の中でもっとも大事な基準を1つに絞るとすると、**「心に響く**

ものをキープする」に尽きます。

理由は、チェックリストの分析にもとづいて「保存するかどうか」を決めるのは、それなりに手間とストレスがかかるからです。

知的な作業が面倒になってしまえば、いずれやらなくなるのは言うまでもありません。読むことを習慣づける秘訣は、**「手軽に楽しく」**がポイントです。

ハッと息をのんだ、心臓がドキッとした、時間の流れがわずかに遅くなり、まわりの世界が消えた。これらが〝保存〟の合図です。

神経科学の研究から、〝感情は合理的な思考を邪魔するのではなく、むしろ整理する〟ことが判明しています[V]。

『行動を変えるデザイン』という本によると[VI]……

公平でない組み合わせで組まれた4つのトランプのデッキを使った有名な実験がある。あるデッキはほかのデッキに勝てるようにしくまれており、残りのデッキはほかのデッキに負けるようにしくまれていた。ゲームを始めたときには、デッキが不公平にしくまれていることは被験者たちに知らされていなかった。それにもかかわらず、ゲームが進むにしたがって、負けやすいデッキを使おうとした被験者の体に物理的なストレ

> ス反応が現れるようになった。ストレスは自動的に生じる反応なので、被験者が意識的に何かおかしいと気づくずっと前に、直感が異変に気づいていたことになる。

著者はこう結論しています。「わたしたちが気づいていないときも、直感はつねに反応しながら学習しているということだ」

直感の声を無視し続けていると、声は徐々に小さくなり、いずれ聞こえなくなります。まわりで何が起こっているのかが聞こえず、鈍感になるということですね。

逆に耳を澄ましていれば、内なる声は大きくなり、何を選択すべきか、どのチャンスをつかむべきか、害となる相手や状況はどんなときかということについて、どんどん勘が鋭くなります。

心に響くことのほかに、メモとして保存しておくと役立つ場合が多いものが2つあります。

ウェブサイトのアドレスや、コンテンツのタイトル、書籍の著者、出版社、出版日など、ソースに関する基本情報を記録しておくといいでしょう[2]。

ノートアプリのさらに先へ：キャプチャーツール選び

さて、ここからが本題。

収集（キャプチャー）は具体的にどうやるのでしょう？

多くのノートアプリ（3章で紹介したもの、あるいは、Buildingasecondbrain.com/resourcesのSecond Brain Resource Guideで詳しく取りあげていますので参考にしてください）は外部ソースからの抜粋を取り込む機能を内蔵していますし、たんに新しいメモとしてテキストを直接カット＆ペーストしてもいいでしょう。

デジタル形式のコンテンツを簡単に楽しくキャプチャーできる、専用の〝キャプチャーツール〟もそろっています。

もっとも一般的なツールとしては次のようなものがあります。

・電子書籍アプリ――多くはハイライトや注釈を一括してエクスポート可能。
・あとで読む（read later）アプリ――オンライン上にある気になるコンテンツを保存してあとで読める（ポッドキャストや動画もあとから聴いたり観たりできる）。
・ベーシックなノートアプリ――モバイルデバイスにあらかじめインストールされ

ていることが多く、短いテキストを簡単に保存できる。
・ソーシャルメディア（SNS）——多くは〝お気に入り〟のコンテンツをノートアプリへエクスポート可能。
・ウェブクリッパー——ウェブページの一部を保存できる（この機能はノートアプリに内蔵されていることが多い）。
・音声／動画文字起こしアプリ——会話やトークを文章化する。
・そのほかサードパーティーのサービス、データ統合、拡張機能——1つのアプリから別のアプリへ自動でコンテンツをエクスポートする。

いずれも無料のものと有料のものがあります。完全に自動化され、バックグラウンドで静かに作動するものもあれば（電子書籍のハイライト箇所をノートアプリに自動で同期するなど）、自分でやる必要があるものも（紙のノートを写真に撮ってデジタル保存するなど）[3]。

とはいえ、いずれにせよ収集（キャプチャー）する手間はほんの一瞬。〝シェア〟〝エクスポート〟〝保存〟をタップ／クリックすれば、情報のもっとも重要な部分が保存できます。

情報はあちこちに散らばったままにせず、1つにまとめて取りあつかえるよう、必

セカンドブレインに収集可能なもの

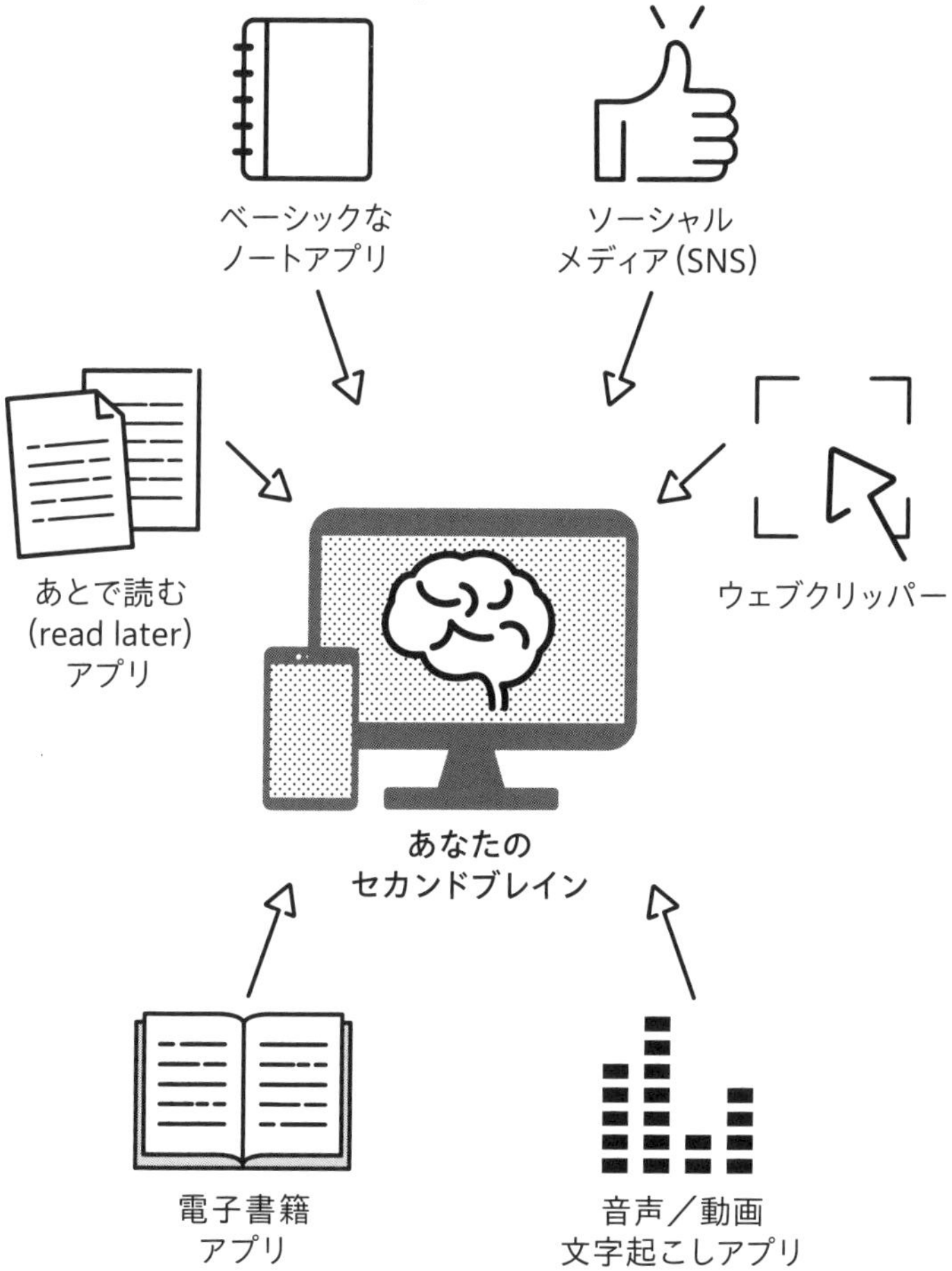

ずノートアプリへ転送します。

キャプチャーツールを使った一般的なコンテンツの保存法をいくつか挙げましょう。

●電子書籍から保存

ほとんどの電子書籍では読みながら簡単にハイライトをつけられます。アマゾンのキンドル（Kindle）では、文章や段落を指でなぞるだけ。本につけたハイライトはシェアボタンから一括してデジタルノートへエクスポート可能ですし、読みながら本にメモを添付することもできます。

●オンライン記事やウェブページから保存

オンライン上で読みたい内容を見つけたら、〝あとで読む〟（read later）アプリに保存しましょう。これはデジタル版のマガジンラックのようなもので、あとで読みたい（観たい、聴きたい）ものをなんでも入れておけます。いつでも時間があるときに記事をスクロールして選択。電子書籍同様、ハイライトも使用でき、サードパーティーのプラットフォームを使えばノートアプリに自動でエクスポートされます。

●ポッドキャストから保存

ポッドキャストプレイヤーアプリの多くは、聴きながらブックマークし、エピソードのセグメント（パーツ）を〝切り抜く〟ことができます。文字起こしまでできるものもあり、ノートアプリにエクスポートすれば検索が可能になります。

●ボイスメモを保存

ボタンを押してスマートフォンへ直接話しかけると、それを文字起こしして保存するボイスノートアプリを使いましょう。

●ユーチューブの動画の一部を保存

ユーチューブ動画にはたいてい自動生成された字幕がついています。〝文字起こしを表示する〟をクリックするとウィンドウが開き、字幕をコピー&ペーストできます。

●メールから保存

人気のノートアプリの多くは、特定のアドレスへメールを転送するとその内容を（添付物も含めて）メモとして保存する機能を持っています。

●そのほかのアプリからコンテンツを保存

写真アプリで写真を編集、お絵かき（ドローイング）アプリで絵を描く、ソーシャルメディアアプリの投稿に〝いいね！〟する。そのアプリに〝シェア〟ボタンがある、またはコピー&ペースト可能なら、どんなものでも直接ノートアプリに保存できます。

思考を頭の外へ出すことの驚くべきメリット

頭の中に散らばっている考えを1カ所に集めて保管することだけではなく、「書き留める」というシンプルな行為には、いくつものメリットがあります。

まず、自分の言葉で書き留めることで、情報が記憶に残る可能性が高まります。これは〝生成効果〟(Generation Effect)(Ⅶ)と呼ばれ、黙読するより、音読したり書いたりして実際に体を使うほうが、脳が活性化されることが判明しています。

書くことで新たな知識がつくり出され、書く言葉の1つひとつがきっかけとなって、思考が滝のようにどっと流れ出て結びつきが生成され、さらなるアイデアが生まれるかもしれません。[4]

思考を書き表すことは心身の健康につながるという証拠もあります。(Ⅷ)

04 収集（キャプチャー）
――心に響くものをキープ

１９９０年代によく引用された心理学の文献では、「感情的な出来事を言葉にすると、社会的、精神的、神経的に大きな変化が引き起こされる」と言います。大規模な比較試験では、自身の内的体験を書き出すことが、医者にかかる回数の減少、免疫アップ、ストレスの軽減につながりました。

そして、頭の外へコンテンツを出すことでまっさきに得られるメリットは、わたしが〝反応のループ〟と名づけるものからの解放でしょう。

これはネット社会の悪しき特徴で、ハムスターの回し車さながらに、絶え間ない情報に判断を迫られることで、切迫感、怒りなどが延々とめぐり続ける現象です。

アイデアに出会ったときは、判断を少し保留にしましょう。

いったんセカンドブレインへ移し、もっと落ち着いて考えられるときに見直してみると、あれほど重要に思えたことの大半が不必要であることに気づくと思います。

「複雑な人生」から「自由な人生」へのショートカット

では、準備が整った皆さんへ、セカンドブレインを始めるにあたって大事な質問リストがあります。

もしもキャプチャーが簡単にできるとしたら、何をもっとキャプチャーしたい（あるいはしたくない）でしょうか？

キャプチャーするのはどんな感触でしょうか？

どんなコンテンツなら、いますぐ簡単に保存に取りかかれますか？

今日あるいは今週キャプチャーしたものはどんなものですか？

わたし自身は1日にキャプチャーするメモは平均して2つだけです。

今日あなたが出会ったアイデア、新事実、意見、視点、教訓など、いますぐ書き留められるものを2つ挙げるとしたら？

できるだけ簡単に、考えなくてもできるようになるのが目標です。

そして時間とエネルギーは見つけたアイデアを発展させる、あとのステップまで取っておきましょう。

やることを増やすのではなく、すでに自分が持っている体験をメモ化するのが目的です。

〝正しく〟キャプチャーできているかどうかは気にしないでください。つまずいたときや、何から手をつければいいかわからないときは、一歩下がって、デジタル世界では永久不変のものなどないことを思い出してください。デジタルコンテンツは無限に形を変えることができますし、決めたことにこだわる必要はありません。

心に響くものから始めて、自信がついたらステップを増やしていきましょう。

1 マサチューセッツ工科大学の経済学者セザー・ヒダルゴは自著『情報と秩序』(早川書房)でこう述べている。「自分のアイデアを形のあるモノやデジタルのモノとして結晶化すれば、他者と思考を共有できる」。また、「想像力を結晶化させる能力は……他人の神経系の中にある知識やノウハウの実用的用途を与えてくれるものなのだ」。

2 メモとして保存するコンテンツの正確な量を知りたいなら、最大でもソースの10パーセントにとどめるようおすすめする。それを超えると、のちに全部見直すのが困難になる。好都合なことに、多くの電子書籍でエクスポート可能なハイライトは10パーセントまでだ。

3 ソフトウェア情勢は時々刻々と変化しているため、リソースガイドを作成した。次のアドレスにさまざまなデバイスとオペレーティングシステム向けに有料・無料の、おすすめベスト・キャプチャーツールの最新版を掲載している。Buildingasecondbrain.com/resources/

4 これは〝分離による向上〟(detachment gain)と呼ばれ、ダニエル・ライスバーグの『The Detachment Gain: The Advantage of Thinking Out Loud』にこう説明されている。しゃ

べることや書くことなど「思考の表出化には機能的利点があり」、「ほかのやり方では得られない新たな発見に至る可能性がある」。単語を書いてスペルを覚えるのがこれに当たる。

05

整理（オーガナイズ）
——行動のための仕分け

トワイラ・サープはもっとも高名な現代ダンス振付家の1人です。

サープは著書『クリエイティブな習慣』(1)で、60年にもわたって作品を生み出し続けてきた背景には、シンプルな情報整理術があると言います。

新たなプロジェクトに着手するたび、折りたたみ式ファイルボックス——サープは〝箱〟と呼ぶ——を1つ用意して、ラベルにプロジェクトの名前を書き入れます。

調べたことや関連しそうなアイデアはすべて箱行き。曲のMV、ライブ演奏のテープ、講演、新聞記事、曲のリスト、曲に関する注釈。ベトナム戦争に関するニュース映像や映画、その当時、影響の大きかった本、さらには立ち消えとなったプロジェクトの資料までが集めてあります。

サープの〝箱〟は、クリエイティブの強力な味方です。

1つは安心感。

「箱はわたしにとって、編集したり自分の成果を保存する必要があるときに、いつも立ち返ることができる家のようなものである。箱がいつもそこにあって、大胆に冒険したり、思いきって失敗したりする自由をわたしに与えてくれる」

もう1つは、つながっている感覚。

「箱はプロジェクトを一時中断しても、あとから戻ってこられる手段だ。わたしがプロジェクトにつながっていることを感じさせてくれる……プロジェクトを後回しにしたときでさえ、そう感じる。箱を棚に押しやっても、そこにあることを知っている。箱に書かれた名前は、それについてのアイデアがあって、すぐにもまたそのプロジェクトに着手するかもしれないことを、つねに思い出させてくれる」

最後に、過去に乗り越えてきた事柄を大切に保管しておけること。

「箱には、もう1つ利点がある。それは振り返りのチャンスだ。やり終えたパフォーマンスをじっくり検討する機会を与えてくれる。箱を考古学的に掘りさげ、プロジェクトの始まりを見る。

どうやったのか？　目標に到達することはできたのか？　目標を上回っただろうか？　目標は途中で変わってしまっただろうか？　すべてをもっと効率よくやることはできただろうか？」

サープの〝箱〟は使い勝手がよく、理解しやすく、管理しやすい――すぐに中身が見つけられ、ほかの人とシェアでき、用がなくなったらしまっておける――複雑な作品を生み出すのに、複雑なシステムは必要ありません。

ちなみに、照明、室温、インテリアのレイアウトなどが、人間の感情や思考に影響を与えていることは、皆さんご存じでしょう。この現象は**「カテドラル効果」**と呼ばれます。[11]

たとえば、**天井の高い場所では、思考はより抽象的になりやすく、小さな作業場など天井の低い部屋では、思考はより具体的になりやすい**のです。

ところが、ことデジタルのワークスペースとなると、生産性や創造性を高めるための環境づくりは、おろそかにされがちではないでしょうか。

コンピュータ、スマホなど、デジタル環境と向き合って毎日何時間も過ごしている知識労働者（ナレッジ・ワーカー）であるわたしたちにとって、セカンドブレインはたんなるツールではなく、環境です。

植物が茂る庭には種をまき、雑草をむしり、小道をつくる必要があるように、仕事をしたり、なにかを生み出したりするときに、どこに何があるかがすぐわかるようにしておきたいものです。

「PARA」のルールですべてが解決する

ルールを決めてアイデアを収集（キャプチャー）し始めると、情報の流れに対してワクワク感を覚えるようになります。

いいアイデアに出会ったら、しかるべき場所に保存することが決めてあるので、読んでいる本、同僚との会話、ポッドキャストで聴いているインタビューなどへ向ける注意力が高まってきます。

ところが新たな問題となったのが、集めた貴重な素材をどうするか。メモを取っても、効率的な整理術と取り出し方がわからなければ、ますます手に負えなくなります。問題は、どんな整理術も手間と時間がかかりすぎ、じきにアップデートをサボってしまうということでした。

1つのやり方に挫折するたびに、そのとき取り組んでいるプロジェクトのフォルダにメモやファイルを、そのまま突っ込んでおくだけに戻りました。

まあ、これなら少なくとも目の前の仕事に必要なものはすぐ手元にあります。タグもファイリングもキーワードも必要ありません。

ある日、わたしはハッと気づきました。

いつもその方法でファイルを整理すればよいのでは？

「プロジェクト別」に情報を放り込んでおくのがいちばん自然で最小限の努力ですむわけだから、それをルールにしたらどうだろう？

受講生やフォロワー[1]とともに、このアプローチの形を整え、シンプル化し、「PARA」のルールと命名。

05

整理（オーガナイズ）
——行動のための仕分け

これは生活における「情報の4つのカテゴリー」（P＝プロジェクト、A＝エリア、R＝リソース、A＝アーカイブ）の頭文字を取ったもの。

普遍的で、あらゆる種類、あらゆるソース、あらゆるフォーマット、あらゆる目的の情報が含まれたカテゴリーです。[2]

PARAは、皆さんがどんな仕事をしていようと、どんなことに興味を持っていようと、すべてに応用可能です。

〝情報の種類〟ではなく、〝用途〟で情報を整理するためです。

込み入った分類体系にしたがってメモを仕分けるかわりに、たった1つ、シンプルな質問に答えればいいだけ。

「これがいちばん役に立つのはどのプロジェクトだろう？」

あなたが複数のプロジェクトを抱えていて、それらに役立てるために情報を整理する場合はこれで十分。

たとえば「モチベーションの高め方」に役立つ記事を見つけ、メモとして収集（キャプチャー）したとします。いつかこの情報が役に立つのはわかっていますが、とりあえずどこへ移せばいいのでしょう？　必要になったときに、どうするのがいちばん見つけやすいでしょうか。

多くの人は〝心理学〟と名づけたフォルダにこのメモを保存します。一見、いかにも合理的な選択ですが、〝心理学〟というテーマはあまりに範囲が広くて役に立ちません。

数週間後、そんな広範囲なテーマの中からメモを探す時間がどれだけありますか？

さて、収集（キャプチャー）したメモを、より実用に応じて保存する方法があります。端的に申し上げると、いま作成中のレポートや、準備中のプレゼンテーションなど、特定の〝**プロジェクト＝仕掛かり仕事**〟のためのフォルダにメモを投げ入れておく（あるいはタグ付けする）[3]やり方。

この小さなひと手間で、アイデアを見つけるのが格段にスピードアップします。

一方、いますぐ役に立つプロジェクトがない場合、メモの保存先はほかに2つあります。

1つは自分の生活に関わる〝**エリア＝必要な範囲**〟ごとの専用スペース。

もう1つは、参考資料、事実確認のための資料、発想を豊かにするための図書館のような〝**リソース**〟のスペース。

さらに、プロジェクトを完了させた、新たなスキルを身につけてもうその情報は必要なくなった、そんな変化とともに、用途がなくなった資料が出てきます。それらは**〝アーカイブ〟**へ移動させ、目にはつかないけれど手の届くところへストックしておきます。

このPARAのルールひとつで、あらゆるソフトウェア・プログラム、プラットフォーム、ノートツールをまたいで、どこでも応用可能。

プロジェクトを進めるにあたって複数のプラットフォームを使う必要があるでしょうが、問題ありません。

ポイントは、1つの〝整理システム＝PARAのルール〟にしたがうことだけです。

では、PARAのルールをさらに詳しく見ていきましょう。

情報の保存先は、101ページの図にある4つのカテゴリーです。

プロジェクト：現在取り組んでいること

プロジェクトには、いままさに取り組んでいる短期的な目標が含まれ、仕事を整理するうえの特徴が2つあります。

1つ目は、始まりと終わりがあること。ある一定の期間で完結するものであること。
2つ目は、〝実行〟〝開始〟〝公開〟など、プロジェクトの経過に応じた〝結果〟がはっきりしていること。

作品制作などはもともとプロジェクト型です。画家は絵画を、ダンサーはダンスを、ミュージシャンは楽曲を、詩人は詩を生み出しますが、これらは個別の仕事としてはっきり認識できます。

プロジェクト型のアプローチはあらゆる知識労働（ナレッジ・ワーク）にどんどん導入されており、映画制作法にちなんで「ハリウッドモデル」と呼ばれています。『ニューヨーク・タイムズ・マガジン』[III]の記事で述べられているように「プロジェクトを決定、チームを招集、必要な時間をかけて作業を完了させ、その後は解散……ハリウッドモデルはいまや橋の建設、アプリのデザイン、レストランの開業にまで適用されている」

プロジェクトの例としては次のようなものが挙げられるでしょう。

●仕事上のプロジェクト

ウェブページのデザインを完成させる。カンファレンス用にパワーポイントの資料

カテゴリー分けの基本「PARA」のルール

Project
プロジェクト

仕事や生活で現在取り組んでいる
短期的な試み=仕掛かり仕事

Area
エリア

長い期間をかけて
管理する必要のある責任(範囲)

Resource
リソース

将来役に立ちそうな
テーマや関心事

Archive
アーカイブ

上記のカテゴリー以外の、
休止中または完了したアイテム

を作成する。プロジェクトの予定表をつくる。求人活動を計画する。

●個人的なプロジェクト

スペイン語講座を受ける。休暇の計画を立てる。リビングに新しい家具を買う。地域ボランティアに参加する。

●サイドプロジェクト

ブログに記事を公開する。クラウドファンディングを企画する。ポッドキャスト用にもっともいいマイクを探す。オンラインコースを修了する。

ハリウッドモデルの導入で生産性がぐんと向上します。いま自分が取り組んでいるプロジェクトを把握しておくことは、1週間の仕事に優先順位をつけ、さして重要ではないことへ「ノー」と言うために欠かせません。

エリア：時間をかけて取り組むこと

しかし、すべての仕事がプロジェクトに分類できるわけではありませんね。

たとえば〝家計の管理〟に終了日はなく、生活していくうえで管理を続けなければならないものです。

職場には〝製品開発〟〝品質管理〟〝人事〟などさまざまな職務がありますが、これらはどれも仕事に必要な〝エリア〟の一例です。

これがPARAの2つ目のカテゴリー。

〝プロジェクト〟と〝エリア〟の違いは、105ページの図を参照してください。

〝家計の管理〟というのは〝エリア〟で、そのなかに、ファイナンシャルアドバイザーとの打ち合わせや、仕事で購入したモノの領収書や請求書、生活費の月間予算などが含まれます。

また、資金計画や、個人投資管理のアプリに関するリサーチ、注目している投資動向のデータのように、より投機的な情報が含まれるかもしれません。

〝製品開発〟など仕事に関するエリアなら、製品仕様書、研究開発結果、顧客インタビュー調査からのメモ、顧客満足度を保存する……などが考えられます。

いま業界で注目を浴びている製品の写真を、デザインのヒントに取っておく……などもありえますね。

プライベートにおける〝エリア〟の例には次のようなことが挙げられます。

●自分に責任がある活動や場所――家／アパート・マンション、料理、旅行、車
●自分に責任がある人々など――友人、子ども、配偶者、ペット
●自分に責任があるパフォーマンス基準――健康、自己啓発、人間関係、家計

仕事では次のようなことがあるでしょう。

●自分に責任がある部署や職務――アカウントマネジメント、マーケティング、戦略実行、製品開発
●自分に責任がある人々やチーム――直属の部下、マネジャー、取締役会、サプライヤー
●自分に責任があるパフォーマンス基準――専門能力の開発、宣伝販売、人脈づくり、求人および雇用活動

これらのエリアには明確な終わりがないものの、リストを見れば、**健康、幸福、安**

「プロジェクト」と「エリア」の考え方の違い

プロジェクト		エリア
体重を5キロ落とす	⇕	健康
半年で原稿を仕上げる	⇕	書籍執筆
3カ月間節約する	⇕	家計の管理
アプリの模型（モックアップ）をつくる	⇕	プロダクトデザイン
契約書のテンプレートを作成する	⇕	法務

全、生活満足度のためにとても重要なのがわかります。

達成すべき目標はなくとも、それぞれのエリアには維持すべき〝基準〟があります。

家計の基準は、請求書の支払いに遅れないこと、家族のニーズに応えること。

健康の基準は、定期的に運動をすること、コレステロール値を一定以下に保つこと。

家族の基準は、夜と週末は一緒にゆっくり時間を過ごすこと。

こういった基準を決めるのは自分しだいです。

リソース：将来参照したいもの

保存すべき情報の3つ目のカテゴリーは、〝リソース〟です。

これは基本的には**プロジェクトやエリアに含まれないものすべて**——興味のあるどんなテーマでもかまいません。たとえば、

- **関心のあるテーマは？**

建築、インテリアデザイン、英文学、クラフトビール

- **研究しているテーマは？**

習慣づくり、メモの取り方、プロジェクト・マネジメント、栄養学

●**参照したい役立つ情報は？**
死ぬまでに行きたい旅行の計画、人生の目標、写真素材、製品に対するクライアントの声

●**趣味や好きなものは？**
コーヒー、名作映画、ヒップホップミュージック、アニメ

〝リソース〟のフォルダは〝リサーチ〟や〝参照資料〟と考えてもいいでしょう。注目しているトレンド、自分の仕事や業界に関するアイデア、趣味や関心事、たんに興味を引かれるものなどが見つかったら、どんどん放り込みましょう。

現在取り組んでいるプロジェクトやエリアに関係ないもの、すぐには行動に移さないものは、すべてリソースへ入れ、いつか参照できるようにしておきます。

アーカイブ：完了もしくは保留中のもの

最後は〝アーカイブ〟です。

以前は前述の3つのカテゴリーに含まれていたけれど、現在は使用していないものを収納しておきましょう。たとえば、

●完了あるいは打ち切りになったプロジェクト
●管理責任のなくなったエリア（職務を離れたときや、アパート・マンションから退去したあとなど）
●必要のなくなったリソース（興味を失った趣味やテーマ）

〝アーカイブ〟は「ＰＡＲＡのルール」の重要パートです。

フォルダを〝冷凍保存〟して情報を片づける一方で、また必要になったときのために永遠に保管しておく、と考えてください。

以前経験したプロジェクトによく似た内容の仕事がやってきたとき、必要に応じて情報をすぐに引き出すことができます。

「ＰＡＲＡの全体像」をとらえる

ＰＡＲＡは、デジタル世界での作業を整理する万能のルールです。

コンピュータのドキュメントフォルダ、クラウドストレージドライブ、そしてもちろんノートアプリでも、どこでも使えますし、使うべきです。

「PARA」の一番上の階層

タイトル
▶ 1 プロジェクト(11)
▶ 2 エリア(36)
▶ 3 リソース(45)
▶ 4 アーカイブ(216)
▶ 0 未処理箱(0)

「プロジェクト」フォルダの中身

タイトル
▼ 1 プロジェクト(11)
▶ 2022年度税金(2)
▶ BASBアイデア(14)
▶ BASB出版イベント(43)
▶ BASB原稿(202)
▶ キャッシュバランスプラン(2)
▶ コースディレクター(4)
▶ 拡張認識に関する記事(5)
▶ ホームスタジオ(27)

⋮

では、具体的にどんなしくみになっているか見ていきましょう。

PARAを使用したわたしの**ノートアプリの階層**は109ページの上の図のようになっています。


各最上位の階層の下には、生活にまつわる〝プロジェクト〟〝エリア〟〝リソース〟〝アーカイブ〟ごとにサブフォルダがつくってあります。

これらのフォルダの中にはわたしのアイデアを記したメモそのものが入っています。


さて、同時進行で抱えているプロジェクトの数（タイトルの後ろにあるカッコ内の数字）は、平均的な人で5～15個というところでしょう。

このときのわたしの場合は、11個です。


109ページ下の図はプロジェクトのサブフォルダの例で、わたしが現在取り組んでいるプロジェクトの概観です。

各サブフォルダ内のメモの数（タイトルの後ろにあるカッコ内の数字）は2つだけというものから、本書（原書名『Building A Second Brain』）の執筆のための200を超えるものまで、大きく異なります。

ではもう1つ、下の階層に下りてみましょう。

112〜113ページに挙げているのは、典型的な中規模〝プロジェクト〟のフォルダ内のメモです。これはわが家のガレージをホームスタジオに改築したときのもの。ウィンドウの左半分はこのフォルダにある27のメモのリスト（一部抜粋）です。

たとえば、改築のヒントに使った写真を集めたものをクリックすると、ウィンドウの右半分にその中身が表示されるようになっています。

つまり、わたしが長年集めてきた何千ものメモに対して、階層はたったの3つ。

1 最上位のPARAカテゴリー
2 プロジェクト・フォルダ
3 そしてメモそのもの

そう、「PARA」のルールにのっとったフォルダは、この3つのシンプルな階層で十分なのです。

ホームスタジオ（27のメモ）

非常用電源についてのメモ

80%を超える
ユニット容量は避ける

ミュート／エンターボタン：
+を3秒間押すと
警報音解除

ルーカスおすすめの業者

ぼくがイチ推しする
優秀な躯体工事業者を
ここに挙げるよ。
きみのプロジェクトの
規模は彼に話しておいた。

ガレージ改築のヒントになる写真

「プロジェクト」内のメモの例

ホームスタジオ（27のメモ）

ガレージ改築のヒントになる写真

イベント主催者たちとの電話

部屋の見た目、印象、
音楽をかける

基本的なことから始める：
光回線インターネット
（1ギガビット／秒）

新規投稿：
リモートワーク時代のためのホームスタジオのつくり方

対象リスナーは？
小規模ながら
プロフェッショナルで、
Zoomを効果的に使いたい。

メール・スレッド：
ホームスタジオの次のステップ

みなさんと話すのは
すばらしい体験だった。
話が尽きず、
すっかり夢中になった。

誰もが適用可能なシンプルなしくみ

また、〝エリア〟は115ページの図のようになっています。各フォルダにはわたしの生活に関する現在進行中のエリアのメモが入っています。仕事関係のエリアは、わたしが経営している会社「フォーテラボ（Forte Labs）」の頭文字（FL）から始まっているため、アルファベット順に並んで表示されます。

さらに、この中から、〝健康〟エリアにはどんなメモがあるか具体的に見てみましょう。116〜117ページの図を参照してください。

さて、〝リソース〟の下には、関心のあるテーマごとにサブフォルダをつくっています。118ページの図を参照してください。

〝リソース〟の情報は、いまは行動へ移すことができないものです。

〝プロジェクト〟のフォルダをすっきりさせるためにここに移していますが、もしも必要になったら取り出そうと考えています。

「エリア」フォルダの中身

タイトル
▼ 2 エリア(36)
▶ カイオ(8)*
▶ 車(5)
▶ 服(2)
▶ 料理(69)
▶ 家計(19)
▶ 健康(34)
▶ FL:運営管理(12)
▶ FL:BASBコンテンツ(190)
▶ FL:BASBマーケティング(45)
▶ FL:ベサニー(20)
▶ FL:チェックリスト/テンプレート(12)
▶ FL:クライアント(32)

(*著者の子どもの名前)

ヘアケアについてのメモ

1 タオルでごしごしせず、
髪が伸びる方向へ
ポンポンと叩いて乾かす

2 お湯の温度を
上げすぎない

3 くしを使う

断続的断食

16時間断食し、
8時間は食事をしてもいい

細胞にも“春の大掃除”

インスリンと血圧を
下げる

筋伸展クランチ
(“The 4-Hour Body”から)

まずは腕を頭の上に
できるだけ遠くまで伸ばす
（両手は飛び込みの
ポーズのように重ねる）。
エクササイズのあいだ、
腕は耳の後ろへやるか
耳に押し当てる。
ゆっくり4つ数えて腕をさげ、
床に指をつける。
そのあいだ手はできるだけ
ボールから離れるように。
そのまま筋肉をできるだけ
伸ばして2つ数える。
ゆっくり体を起こし、
筋肉を完全に縮めた状態で
2つ数える。

「エリア」内のメモの例

健康（34のメモ）

筋伸展クランチ
（“The 4-Hour Body”から）

まずは腕を頭の上に
できるだけ遠くまで伸ばす
（両手は飛び込みの
ポーズのように重ねる）

健康保険の
設定の更新

保険プランの詳細への
アクセス法……

なぜ深呼吸をすると
気持ちが落ち着くのか

『サイエンス』誌で発表された
最新の研究によると、
研究者たちは
慎重に機能を停止……

食料品の購入計画

フルーツ入りのシリアル
牛乳
ベーコン
トマト
アボカド

「リソース」フォルダの中身

タイトル
▼ 3 リソース(45)
▶ 年次評価(21)
▶ 芸術&哲学(39)
▶ 本&執筆(14)
▶ ブランド・アイデンティティ/ロゴ(31)
▶ ビジネス&戦略(146)
▶ ビジネス用の名刺(70)
▶ クリスマスプレゼント(3)
▶ 気候変動(1)
▶ 講座のマーケティング(22)
▶ カルチャー&クリエイティビティ(80)
▶ デザイン(245)

⋮

「アーカイブ」フォルダの中身

タイトル
▼ 4 アーカイブ(216)
▶ サンフランシスコへのアクセス(21)
▶ 取引先担当者のプロモーション(1)
▶ AJオンラインセミナー(10)
▶ Amazonアソシエイト(2)
▶ 読書会ver.3(3)
▶ マンション探し(1)
▶ Avaya(3)
▶ ベアリングス(3)
▶ BASB12(6)
▶ 自転車盗難請求(5)
▶ ブラックフライデー(5)

⋮

〝アーカイブ〟には過去に使ったこと、調べたことや学んだことを入れておきます（119ページの図参照）。

とにかく、**もう使う予定がない情報は、目につかないところに移動させ、頭から完全に消してしまってかまいません。**

万が一、以前使った資料が必要になったら、いつでも取り出せるように保管しておけば問題ないのですから。

「PARAのルール」は情報を保管しているすべての場所で適用可能です。コンテンツがどこにあろうと同じカテゴリー、同じやり方を用いてください。先にご紹介したのはノートアプリ上の階層でしたが、コンピュータのドキュメントフォルダであってもやり方は同じです。まず、

1 プロジェクト
2 エリア
3 リソース
4 アーカイブ

コンピュータ上の「PARA」

ドキュメント
名前
▶ 1 プロジェクト
▶ 2 エリア
▶ 3 リソース
▶ 4 アーカイブ

コンピュータ上の「プロジェクト」フォルダ

1プロジェクト
名前
▶ 2022年度税金
▶ BASBアイデア
▶ BASB出版イベント
▶ BASB原稿
▶ キャッシュバランスプラン
▶ コースディレクター
▶ 拡張認識に関する記事
▶ ホームスタジオ
▶ キーストーン2
▶ 新しいウェブサイト
▶ 2023年冬のリトリート

コンピュータ上の「プロジェクト」フォルダ
(「BASB 原稿」フォルダの中身)

BASB原稿
名前
▶ 付録の読み物
▶ 本の企画案
▶ 契約書
▶ スライドと画像
▶ 強み
▶ マインドマップ
▶ 原稿(校正別)
▶ リサーチ
▶ ブックレビュー・グループ

の4つを作成します。たとえばこの下の階層に、いま進行している〝プロジェクト〟フォルダをつくっておきます。

秒速で保存先を決める

このようにフォルダは簡単につくれますね。

じつは難しいのは〝どこに保存するか？〟を決めることのほうです。

メモはキャプチャーしたときに、すぐにその意味と保存場所まで決めたくなるものですが、キャプチャーした瞬間は、メモの最終的な目的をゆっくり考える時間はありません。

なにより、メモを取るたびにどこのフォルダに入れるか迷っているだけでも疲れます。そう、面倒なことは結局やらなくなるものです。

本書では「収集（キャプチャー）」と「整理（オーガナイズ）」を2つのステップに分けているのはこのためです。

「心に響くものをキープすること」は、**「保存先を決めること」とは別の判断だ**ということを心に留めておいてください。

多くのノートアプリには〝インボックス〟または〝デイリーノート〟というセクションがあり、キャプチャーした新規メモはあとで行き先を決めるまでいったんそこに保存することができます。

これは新しいアイデアを消化してセカンドブレインに取り入れるまでの待機場所と考えてください。

メモが溜まってきたら、「PARAのルール」の出番です。

「PARA」の4つのカテゴリーは、メモの保存先を簡単に決められるよう、**「行動への移しやすさ（アクショナビリティ）」の順**になっています。

1 〝プロジェクト〟は現在取り組んでいることであり、明確な期限があるのでアクショナビリティがもっとも高い
2 〝エリア〟はより期限が長く、アクショナビリティが下がる
3 〝リソース〟は状況しだいでアクショナビリティが生じる
4 〝アーカイブ〟は必要とされないかぎりアクショナビリティはない

この順番はメモの保存先を決めるときの重要なポイントですよ。

リストのトップからチェックしていきましょう。

05 整理（オーガナイズ）——行動のための仕分け

1 どのプロジェクトでもっとも役立つか？
2 **1**に該当するものがない場合。どのエリアでもっとも役立つか？
3 **2**に該当するものがない場合。どのリソースに属するか？
4 **3**に該当するものがない場合。アーカイブに入れる

つまり、**メモやファイルがもっとも役立つかどうかだけでなく、〝もっとも早く〟役立つ場所につねに保存する**ようにします。

〝プロジェクト〟フォルダにメモを保存すれば、次にそのプロジェクトに取り組むときに必ず目に入るようになります。

〝エリア〟フォルダに入れておけば、仕事や生活で次にそのエリアのことを考えるべきときに見つけられるでしょう。

〝リソース〟フォルダに入れておけば、そのテーマを取りあげ、関連資料を読んだり、リサーチを始めようというときに、目に入ります。

〝アーカイブ〟は、見たくなければふたたび見ることはありません。

忙しいときには、自分自身の長期的な目標は後回しにしがちです。せっかく手に入

れたメモ、ブックマーク、ハイライト、調査結果などが、ファイルの奥にうずもれ、存在すら忘れ去られては元も子もありません。

「行動への移しやすさ（アクショナビリティ）」で整理しておけば、本当にやりたいことを、忘却の彼方に追いやってしまうことが防げます。

情報を〝まるでキッチンのように〟整理する

ここで皆さんに誤解していただきたくないのは、「ＰＡＲＡ」はファイリングシステムではなく、生産システムだということ。

つまり、メモやファイルの〝完璧な収納先〟などというものは存在せず、システム全体が、絶えず暮らしとともに推移・変化しているのだと考えてください。

これは多くの人にとって、受け入れがたい考え方でしょう。人間は、どこへしまえばいいかがきっちり明確に決められているルールを求めがちだからです。

行動への移しやすさ（アクショナビリティ）のために整理すれば、優先順位ははるかにつけやすくなりますが、「何が最速でアクション可能か」は絶えず変化していることを忘れないでください。

ときには受信したメールひとつでその日の予定がガラリと変わることもあるように、自分にとっての優先順位はいとも簡単に変化しうるものです。

情報（テキストドキュメントであれ、イメージであれ、メモであれ、フォルダ丸ごとであれ）はカテゴリー間を行き来可能ですし、そうあるべきです。

たとえば「コーチングの講座」を受講しているある人は、プロジェクト・フォルダに同じ名前をつけ、コーチングのテクニックに関するメモを保存しています。

のちに職場で直属の部下の指導に当たることになり、そのメモを〝部下の指導法〟と名づけたエリア・フォルダへ移動させました。

その後、ある時点で会社を辞めますが、まだコーチングには関心があるので、メモをリソースへ移動します。

そのうちこのテーマに完全に興味を失い、メモをアーカイブへ移動。将来、もしも副業としてビジネスコーチ業を始めたら、メモはふたたび〝プロジェクト〟ファイルへ戻って、知識が再活用されることになるでしょう。

このように、**メモの目的は自分のニーズと目標の変化に合わせて、自由に変えていいのだ**ということを覚えておいてください。

すばやく、軽やかに

かつてわたしのメンターがくれたアドバイスが、ずっと胸に刻まれています。いわく、**「動きはすばやく、タッチは軽やかに」**。

1章でお話ししたように、サンフランシスコのコンサルティング企業で働きはじめたわたしは、夜遅くまで残業しては、仕事の山を体力に任せて片づけていました。そのせいで、精神的にも肉体的にもたびたびボロボロになっていたのです。しかも、死ぬほど働いたのに、たいした成果を上げていませんでした。

そんなわたしにメンターがかけてくれた言葉が「動きはすばやく、タッチは軽やかに」だったのです。

もっとも楽に進める道を探し、小さな一歩を重ねていきなさい、と。

わたしからみなさんへお伝えしたいことも同じです。くれぐれも「セカンドブレイン」を新たな〝義務〟にするのはやめてください。

「正しい方向へ進むために、いちばん楽で、いちばん小さな一歩はなんだろう?」と、つねに自分に尋ねてください。

「PARAのルール」ではほとんどの場合、その小さな一歩は、現在取り組んでいる

〝プロジェクト〟ごとにノートアプリ上のフォルダをつくり、関連するコンテンツをどんどん放り込んでいくことでしょう。

収納場所がいったん決まると、そこへ収納するものがどんどん見つかるようになります。

「いま進めたいプロジェクトはどれだろう？」と、自分に尋ねることがスタート。その思考の助けとなる質問をここにいくつか挙げておきます。

●すでに頭に引っかかっていることへ目を向ける

ずっと気になっているのに〝プロジェクト〟と見なしていないことはないか？　はかどっていない〝プロジェクト〟のためにすべきことは？

●カレンダーを見る

終わったことでフォローアップが必要なものは？　今後のことで計画や準備が必要なものは？

●ToDoリストを見る

すでに取り組んでいることで、実際はまだ認識していない、もっと大きな〝プロジェクト〃の一部である可能性はないか？　スケジュールに入れている事柄で、実際はもっと大きなプロジェクトの一部であるものは？

●コンピュータのデスクトップ、ダウンロードフォルダ、ドキュメントフォルダ、ブックマーク、メール、開いているブラウザのタブを見る

より大きなプロジェクトの一部という理由でキープしているものはないか？

次はわたしの生徒が考えたプロジェクトの例です。

・自分のかかりつけ医を探す
・毎年恒例の草野球チームの目標と予定を計画する
・よく使っている食材をリスト化し、定期便サービスを利用する
・四半期の戦略を立てる
・パートナー企業とコラボレーションのアイデアを共有する
・文章教室のオンライン授業を受ける

いきなり〃エリア〃や〃リソース〃のフォルダをつくることもできますが、それが

思いつかなければ、まずは〝プロジェクト〟だけに絞ってみてもいいでしょう。小さく始めて、慣れてくればフォルダはいつでも追加できます。

また、さし当たりはノートアプリから使い始めてみるのがおすすめ。

もっとも一般的なプラットフォームは、

①コンピュータのドキュメントフォルダ
②ドロップボックス（Dropbox）のようなクラウドストレージドライブ
③グーグルドキュメントなどのオンライン共有サービス

この3つです。

新たなメモを収集してフォルダに整理し、1つのフォルダから別のフォルダへ移すまでを練習してみましょう。

〝プロジェクト〟が終了したら、そのたびにフォルダごと〝アーカイブ〟へ移動させ、新たな〝プロジェクト〟に着手するときは、〝アーカイブ〟に目を通して過去の〝プロジェクト〟から再利用できる資源はないか確認してみます。

それに、フォルダをつくってメモを収納するときに、**再整理や既存のメモの〝処分〟は気にしないで**ください。

ふたたび使うかわからない古いコンテンツに、時間と労力をかけすぎないでください。既存のメモは丸ごとどんどん〝アーカイブ〟へ移してしまい、まっさらな状態から始めましょう。

もっとも大事な目標は、バーチャルのワークスペースをきれいに片づけ、いままさに取り組んでいる〝プロジェクト〟の情報を1カ所にまとめることです。

また、「目標の変化に合わせて、セカンドブレインはつねに進化するものだ」とお伝えしたとおり、**「完璧なものをつくりあげなくては」「完成させなくては」と思う必要はまったくありません。**

1　Paraの語源はギリシャ語で、〝parallel(平行な)〟などの言葉に見られるように〝並んで〟という意味。この定義はセカンドブレインがわたしたちの脳と〝並んでいる〟イメージを思い出すのにちょうどいい。

2　「PARA」もそうだが、わたしは4文字のフレームワークが大好きだ。研究者から〝マジックナンバー4〟と呼ばれる4は、ひと目で数えられる最大の数であり、余計な努力なしに記憶に刻まれるからだ。

3　ここでの〝フォルダ〟は多くのノートアプリで使われている、整理上の主要単位を指す。タグを使用するソフトウェアもあるが、これも機能性は変わらない。

06

抽出（ディスティル）
――本質の発見

1969年、映画制作会社パラマウント・ピクチャーズはニューヨークのマフィアを題材にした犯罪小説の映画化権を購入し、監督探しに躍起になっていました。当時の一流監督たちはことごとくこの企画を一蹴。大衆ウケ狙いのギャング映画が立て続けにコケていたせいです。

そこで、低予算のインディーズ映画を何本か撮ったことがある若手監督に白羽の矢が立ちました。駆け出しで、興行面で成功を収めた実績は皆無。芸術家肌のその監督は、大作映画向きではありませんでした。

名前はフランシス・フォード・コッポラ。くだんの映画は『ゴッドファーザー』です。

コッポラも当初は監督を断りました。ウェブマガジン『ザ・ハリウッド・リポーター』[1]で、「下品な商業映画だと思ったし、自分の趣味に合わなかった」と語っています。

ところが彼の弟子で、コッポラの映画制作スタジオの副社長でもあったジョージ・ルーカス（のちに『スター・ウォーズ』が大ヒット）は、「うちのスタジオは破産寸前です。資金繰りをなんとかしないと早晩強制退去になる」とコッポラに訴えました。

スタジオの経営難に直面したコッポラは原作小説を読み返して、気持ちを変えます。

これは「3人の息子を持つ偉大な王のストーリーに重ねられた、アメリカの資本主義への隠喩（メタファー）だ」と解釈できると気づいたからです。

『ゴッドファーザー』は映画興行史上最大のヒット作の1つとなり、批評家からも絶賛されます。ついには2億4500万ドルの興行収入を叩き出し、アカデミー賞を3冠受賞。

この映画を制作するにあたり、コッポラは大学で演劇を学んだ際に覚えた「プロンプト・ブック」（訳注：照明・音響・小物の情報や舞台セットのイラスト、俳優・舞台係の連絡先が記された脚本の意味）のテクニックを応用しました。

彼のプロンプト・ブックはたんなる情報の収納所ではなく、原作を再考して磨きをかけ、新たなものへ変える出発点です。

原作小説の切り抜きを紙に張りつけて3穴バインダーに綴じ、書き込んだメモや指示は、のちの脚本制作や映画のプロダクションデザインに使いました。

2001年に公開された短編ドキュメンタリー『Francis Coppola's Notebook』[II]で、コッポラは自分のプロセスを説明しています。

原作を通読し、気になったことはすべて書き留め（キャプチャー）ていく。「最初に読んだときの印象を記しておくのは大切です。いいと思ったこと、わからなかったこと、悪いと思ったことについての最初の直感なのですから」

次にコッポラは自身の解釈を加えて抽出（ディスティル）し、ストーリーを再構成しました。各シーンを主要要素ごとに5つに分類します。

①シノプシス（要約）、②歴史的背景、③〝見た目と雰囲気〟のためのイメージおよび色調（トーン）、④核となる意図、⑤これだけは避けたいこと。

コッポラ自身によると、「各シーンの本質を抽出して1文にまとめ、短い言葉で表す」のだと言います。

コッポラは自分のバインダーを「映画を監督するための、何層にも重なった一種のロードマップ……最初に読んだときに自分が何を重要だと思ったのか、本で実際には何が起きていると感じたのかをすべて振り返ることができるもの」と描写しています。

コッポラはこのプロセスから生まれたプロンプト・ブックを、いまや名作中の名作である『ゴッドファーザー』の大切な資産と見なしています。

「脚本は必要ありませんでした。このノートがあったからできた映画です」

あのコッポラがノート術にこれほど支えられていたのなら、われわれもそれを活用しない手はありません。

時空を超越する——「未来の自分」へ向けたノート

すでに皆さんは、集めたメモを整理し始めているかもしれません。

では、その次は？

どうすればいいかわからない人がほとんどでは？

メモをキャプチャーしたときは、それをセカンドブレインにしまうだけで精いっぱいの場合もあるでしょう。

次のミーティングが始まる。急ぎの仕事が飛び込んできた。子どもがわんわん泣いて呼んでいる。これではメモの意味を完全に理解したり、その使い途《みち》を考えたりする時間は十分にありません。

キャプチャーした瞬間のメモは手を加えていない原材料のようなもので、本当に価値ある資産に変えるには、もう少し精錬する必要があります。

収集（キャプチャー）と整理（オーガナイズ）を3番目のステップから切り離すのはこのためです。保存はすばやく、精錬はあとに取っておかなくてはなりません。

メモが時間を超えて将来役に立つかどうかは〝見つけやすさ〟にかかっています。つまり、中身がどれだけ容易にわかるか、すぐ役立つポイントにどれだけ簡単にアクセスできるか。
見つけやすさ（ディスカバラビリティ）とは情報学の考えで、「ファイル、データベース、そのほかの情報システムにおける検索で、コンテンツや情報の見つけやすさ」とされています。[1]
メモのディスカバラビリティを高めるには、学生時代にやっていたシンプルな習慣を用いましょう。そう、**いちばん大切な部分をハイライトすること**です。

本質を発見する「4つの段階」=プログレッシブ・サマライゼーション

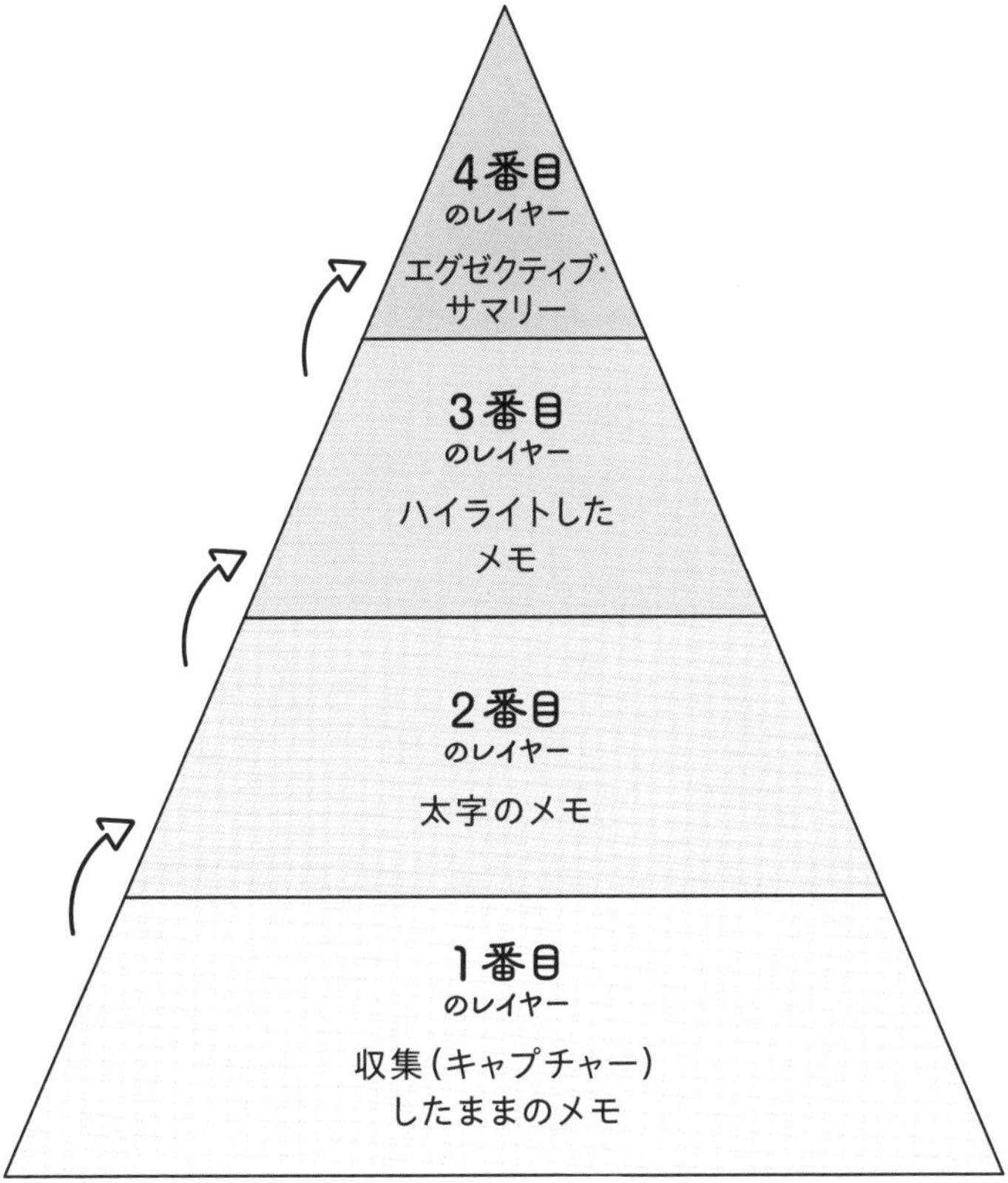

「本当に大事なこと」だけ抽出するためには、
段階を分けてみよう

非常に多忙で気の短い重要人物に話をするときはどうしますか？

要点と具体的な行動だけを抽出（ディスティル）しますね。

上司にメールを送るときは、まず要点から。すぐに返事の欲しい急ぎの質問は、メールの冒頭に持ってくる。忙しい組織の経営陣にプレゼンを行うときは、何時間もダラダラと説明せず、即、本題に入るのがいいのと同じことです。

ハイライト2・0——プログレッシブ・サマライゼーション

ここで使うツールは、学生時代に誰もがおなじみだった習慣「ハイライト」。テクノロジーをうまく使って行っていきます。

やり方は簡単。

メモの要点をハイライトしたあと、そのまたハイライトの要点をハイライトする……ということをくり返し、メモの本質を複数の〝層（レイヤー）〟に分けて抽出していきます。それぞれのレイヤーには異なる形式（フォーマット）を使用して、ひと目で見分けがつくようにします。

この一連の動作を、わたしは**「プログレッシブ・サマライゼーション（進化版・要約法）」**と呼んでいます（プログレッシブ・サマライゼーションの4つの段階は139ページのような形をイメージしてください[2]。

わかりやすく説明するために、心理学のウェブ記事からわたしが収集（キャプチャー）したメモを例に挙げましょう[III]。

これはソーシャルメディアでリンクがシェアされているのを見つけ、「あとで読む（ブックマーク）」アプリに保存したものです。

数日後の夜、1日の終わりに時間ができたので、もっとも興味を引かれた箇所にハイライトを入れました。

わたしの〝あとで読むアプリ〟はデジタルノートアプリとデータを同期する設定にしてあるので、ハイライトされた箇所は情報源のリンクとともに自動的に保存されています。

142ページのメモはわたしが〝1番目のレイヤー〟と呼ぶ、最初に「収集（キャプチャー）」したテキストです。記事を丸ごとは保存しておらず、抜粋です[3]。記事の全容が必要になったときのために、いちばん下に元記事へのリンクが張ってあります。

しかし、さらにここから要点を絞ることで、次の3つのステップ「整理（オーガナイズ）」「抽出（ディスティル）」「表現（エクスプレス）」がずっと楽になります。

収集（キャプチャー）したままのメモ

脳はいかにして時を止めるか

脳はいかにして時を止めるか

強い恐怖心の奇妙な副作用の1つは時間の膨張（タイム・ディレーション）だ。これは時間の進み方が明らかに遅くなることである……九死に一生を得た人たちの多くが、まわりで起きていることがスローモーションになった、物がゆっくり落下した、一瞬のはずなのに複雑な思考が可能だったと報告している。

イーグルマンは被験者を高所から飛びおりさせたあと、ストップウォッチを渡し、落下するのにどれほど時間がかかったように感じたかを測定させた。その後、別の者が飛びおりるところを観察させ、落下するのにかかったと感じた時間を同じ方法で計らせた。自身が落下したときの経過時間のほうが平均で36パーセント長い結果となった。タイム・ディレーションが作用したのだ。

これは、恐怖心は認知速度やメンタルプロセスを加速させるのではなく、体験していることを極めて詳細に記憶させることを意味する。時間の認識は記憶するものごとの数にもとづくため、恐ろしい体験はゆっくりと展開するように感じるのである。

ソースへのリンク

あとあとメモの見つけやすさを高めるには、「抽出」のために2番目のレイヤーを加える必要があります。

わたしはこの作業を休憩中や夜、あるいは週末などの時間があるとき、より集中力のいる仕事の合間に、気軽にやるようにしています。

作業はメモの要点を太字にするだけ。

要点には何の記事かがわかるキーワードや、著者がもっとも伝えたかったことを表すフレーズ、自分にとって特に心に響いた文章などが含まれます。

同じメモに太字を入れたものを145ページに載せています。

2番目のレイヤーで、このメモの見つけやすさはすでに劇的に高まりました。もとの記事は5分かけて読む必要があったのに対して、こちらは太字の箇所へ目を走らせるだけでよく、ものの1分もかかりません。

しかし、まだ終わりではありませんよ！

とりわけ長い、興味深い、あるいは価値のあるメモには、3番目のレイヤーでハイライトを加えるといい場合があります。

これにはほとんどのノートアプリの機能にある〝ハイライト〟を使い、大切な部分を明るく強調します（次の例ではライトグレーで表示）。

ノートアプリにハイライト機能がない場合には、アンダーラインやそのほかの書式を使ってください。

2番目のレイヤーで太字にした箇所だけを見て、さらに興味深く、驚きのある点だけをハイライトします。

するとたいていもとの記事のメッセージはほんの1、2文に要約できるものです。

146ページをご覧ください。ハイライトされた4カ所がぱっと目に飛び込んでくるのがわかるでしょう。もっとも伝えたいことだけがぎゅっと抽出され、一瞬で把握できるようになっています。

これで将来検索をかけたり、フォルダ内に目を走らせたりして、このメモを見つけたときには、求めているものに関連性があるかをひと目で判断できます。

もう1つ、最後のレイヤーについてご説明しておきましょう。

必要になることは滅多にありませんが、本当に価値のある情報には、メモの頭に4番目のレイヤー**「エグゼクティブ・サマリー（要約文）」**を加え、自分の言葉でまとめた要点を箇条書きにします（147ページの図を参照してください）。

太字のメモ

脳はいかにして時を止めるか

脳はいかにして時を止めるか

強い恐怖心の奇妙な副作用の1つは時間の膨張(タイム・ディレーション)だ。これは**時間の進み方が明らかに遅くなること**である……九死に一生を得た人たちの多くが、まわりで起きていることがスローモーションになった、物がゆっくり落下した、**一瞬のはずなのに複雑な思考が可能だった**と報告している。

イーグルマンは**被験者を高所から飛びおりさせたあと**、ストップウォッチを渡し、**落下するのにどれほど時間がかかったように感じたかを測定させた。**その後、別の者が飛びおりるところを観察させ、落下するのにかかったと感じた時間を同じ方法で計らせた。**自身が落下したときの経過時間のほうが平均で36パーセント長い結果となった。タイム・ディレーションが作用したのだ。**

これは、恐怖心は認知速度やメンタルプロセスを加速させるのではなく、**体験していることを極めて詳細に記憶させる**ことを意味する。時間の認識は記憶するものごとの数にもとづくため、**恐ろしい体験はゆっくりと展開するように感じる**のである。

ソースへのリンク

ハイライトしたメモ

脳はいかにして時を止めるか

脳はいかにして時を止めるか

強い恐怖心の奇妙な副作用の1つは**時間の膨張(タイム・ディレーション)**だ。これは**時間の進み方が明らかに遅くなること**である……九死に一生を得た人たちの多くが、まわりで起きていることがスローモーションになった、物がゆっくり落下した、**一瞬のはずなのに複雑な思考が可能だった**と報告している。

イーグルマンは**被験者を高所から飛びおりさせたあと**、ストップウォッチを渡し、**落下するのにどれほど時間がかかったように感じたかを測定させた**。その後、別の者が飛びおりるところを観察させ、落下するのにかかったと感じた時間を同じ方法で計らせた。**自身が落下したときの経過時間のほうが平均で36パーセント長い結果となった。タイム・ディレーションが作用したのだ。**

これは、恐怖心は認知速度やメンタルプロセスを加速させるのではなく、**体験していることを極めて詳細に記憶させる**ことを意味する。時間の認識は記憶するものごとの数にもとづくため、**恐ろしい体験はゆっくりと展開するように感じる**のである。

ソースへのリンク

エグゼクティブ・サマリー

脳はいかにして時を止めるか

エグゼクティブ・サマリー

- タイム・ディレーションは時間がゆっくりになる感覚
- 強い恐怖心に襲われたときにしばしば体験する
- 実験では、強い恐怖を感じている瞬間は、他者の体験を観察しているときとの比較で時間の流れが36パーセント鈍化
- タイム・ディレーションは自分の体験に対する記憶力を高めることがさらなる実験で明らかに

脳はいかにして時を止めるか

強い恐怖心の奇妙な副作用の1つは**時間の膨張(タイム・ディレーション)**だ。これは**時間の進み方が明らかに遅くなること**である……九死に一生を得た人たちの多くが、まわりで起きていることがスローモーションになった、物がゆっくり落下した、**一瞬のはずなのに複雑な思考が可能だった**と報告している。

イーグルマンは**被験者を高所から飛びおりさせたあと**、ストップウォッチを渡し、**落下するのにどれほど時間がかかったように感じたかを測定させた。**その後、別の者が飛びおりるところを観察させ、落下するのにかかったと感じた時間を同じ方法で計らせた。**自身が落下したときの経過時間のほうが平均で36パーセント長い結果となった。タイム・ディレーションが作用したのだ。**

これは、恐怖心は認知速度やメンタルプロセスを加速させるのではなく、**体験していることを極めて詳細に記憶させる**ことを意味する。時間の認識は記憶するものごとの数にもとづくため、**恐ろしい体験はゆっくりと展開するように感じる**のである。

ソースへのリンク

同じメモにたびたび戻ってくるようなら、それが自身の思考のカギであるのは明らかで、4番目のレイヤーが必要なサインです。

2番目と3番目のレイヤーで太字にしてハイライトを加えた箇所だけに目を通すことで、全体をまとめるより簡単に要約できます。

エグゼクティブ・サマリーは箇条書きにして簡潔に。

自分の言葉で表現し、見慣れない用語には定義をつけ加え、この記事をすっかり忘れているかもしれない未来の自分が、どう解釈するかを念頭に置いてください。

エグゼクティブ・サマリーを見返せば、すぐに要旨を思い出すことができ、もとの記事を読み返すのにかかる時間とは雲泥の差が出ます。

知識の地図を拡大・縮小する

プログレッシブ・サマライゼーションは、どういうときに役に立つのでしょうか。

たとえば、目を引く記事を見つけたときは、最初から最後まで読んで、すべて把握したくなるでしょう。

けれどもしばらくして、またその記事へ戻ってきたときは、同じだけの労力をかけて全部読む必要はないはず。前回の続きから読み始め、強調しておいたところだけをピックアップすればいいのです。

収集したままの1番目のレイヤーですべてを読み返すことができますし、時間がなければ、2番目、3番目、4番目のレイヤーだけに集中します。

メモにどれだけ注意を傾けるかは、自身の体力と時間によって〝カスタマイズ〟してください。

ネット上の地図をズームイン、ズームアウトするように、知識も同じことができます。調べたことを細かく見るために拡大することもあれば、議論の全体像をざっくりつかむために縮小することも。

人によっては、ハイライトで強調するのは、ときに難しく感じるかもしれません。「いちばん大切な部分は本当にここだろうか？　もとの記事の意味が本当にわかっているのだろうか？」

しかし、ここでもプログレッシブ・サマライゼーションが安全ネットの働きをしてくれます。

大まかに情報の意味をつかんでおくことで、方向が間違っていたり、ミスがあったりしたら、いつでももともとのソースへ戻ってやり直せます。記憶やメモから抜け落ちてしまうものは何ひとつありません。

情報管理ツールの多くはラベルづけ、タグづけ、リンクづけ、そのほかの高機能に時間が取られがちですが、シンプルにプログレッシブ・サマライゼーションの4つのレイヤーを残しておくことで、メモの〝中身〟に集中することができます。[4]

「プログレッシブ・サマライゼーション」が使える4例

プログレッシブ・サマライゼーションは情報の種類を選びません。テキスト化できるソースなら、[5]どんな情報管理ツールを使っていてもハイライトを加えてレイヤー化が可能です。

実際の例をさらに見てみましょう。

1 ウィキペディアの記事

目を通したウィキペディアの記事から自分に必要な箇所だけを抜粋して保存すれば、自分だけの百科事典をつくることができます。

左の図にあげたのは、「ボーモルのコスト病」についての記事から、カギになる文章をいくつか抜き出したものです。

ウィキペディアの記事の例

ボーモルのコスト病

ボーモルのコスト病

ソースへのリンク

要約：**生産性の上昇が見られない産業では、ほかの産業で生産性が上昇したという理由だけで、賃金が上昇する。**生産性の変わらない産業が質のいい労働者を逃がさないようにするには、生産性の高い産業に負けないだけの給与を払い続けなくてはならない。**よって、いずれにしても給与はあがる――それなら従業員のために生産性に投資するほうがいい。**

これは経済学の用語で、意味はまったく知らなかったものの、それまで何度か言及されているのを目にしたことがありました。

メモを保存したときは、タグやハイライトをつけたり、自分の言葉でエグゼクティブ・サマリーをつくる時間はありませんでした。

そこで、あとで読み返せるように「経済学」と名前をつけたリソース・フォルダに保存。

数カ月後に〝賃金〟で検索をかけるとこのメモが出てきたので、カギになるセンテンス2つを太字にし、さらに重要な箇所はハイライトして、ひと目見て要点がわかるようにしました。

あるとき、わたしが参加していた公開討論会で、講演者の1人がこの用語を持ち出しました。

コメントをする順番が回ってくるまでの10秒間で、タブレット（自分のメモはすべてここに同期されています）からこのメモを調べ、いかにも初めから知っていたかのように、このテーマについて堂々とコメントすることができました。

❷ オンライン記事

ふだん何気なく朝食の席で新聞を読んだり、運動しながらポッドキャストを聴いたり、見出しに引かれてメールマガジンをチェックしたり。

時代に遅れないため、時間を潰すため、楽しむため、頭を働かせておくために摂取している情報の中から、セカンドブレインに取り込んでみましょう。

ある夜、わたしはとあるオンライン記事がSNSでシェアされているのを見かけました。

記事では、グーグル（今はアルファベット傘下）が雇用プロセスの一環として「構造化面接（structured interviews）」というやり方を取り入れることで、いかに社員間の偏見

オンライン記事の例

雇用プロセスと定着率——FLOX

雇用プロセスと定着率——FLOX

ソースへのリンク

「幸い、研究では**構造化された面接——同じ質問とやり方で求職者全員を評価する方法——で雇用時の偏見が激減**することも示されている。構造化されていない面接と比較すると、**多様性も上昇**する。異なる民族のあいだで面接得点の差が小さい。より効率がいい。100人を超える求職者に対して、面接の質問と基準が一定している。求職者からより好まれる。雇用プロセスに満足している応募者は、仕事のパフォーマンスがあがることを予測する率が約10パーセント上昇する」

を減らし、雇用の一貫性を守っているかが解説されていました。

当時わたしはフリーランスの仕事をしており、雇用についての知識がすぐ必要なわけではありませんでしたが、いずれ必要になるだろうと、上の図のようにセカンドブレインに保存しておきました。

それから2年近く経ってから　わたしは会社を興し、「雇用」と名づけたリソース・フォルダが役に立つときがきたのです。すぐに使えるメモもいくつかありました。

まずはフォルダごと「リソース」から「プロジェクト」へ移動。

次に30分ほどかけてフォルダ内のメモを見直し、もっとも関連性のあるところにハイライトをつけました。

これらのハイライトを出発点とし、グーグルのやり方を参考にしながら、最終的な雇用戦略を組み立てていくことができたのです。

3 ポッドキャストとオーディオ

その場ですぐに書き留められないときでも、メモを残すことはできます。

ある週末、わたしは妻といっしょに車でカリフォルニアの山へ向かうあいだ、ポッドキャストのインタビュー番組を聴いていました。

番組のゲストは栄養学のオンラインスクールを運営するメーガン・テルプナーという人でした。(Ⅳ) 彼女の名前を聞くのは初めてで、そのエピソードを選んだのにも、特に理由はありませんでした。

それから1時間、わたしたち夫婦は急な山道を車でのぼりながら、彼女が築きあげた教育ビジネスの苦労話にすっかり聴き入っていました。彼女がぶつかってきた壁の多くは、わたしたちがぶつかっていたものと同じだったからです。

ポッドキャスト／オーディオのメモの例

SPIポッドキャスト：メーガン・テルプナー

SPIポッドキャスト：メーガン・テルプナー

ソースへのリンク

- インストラクターの資格を取れるオンラインコース、**Academy of Culinary Nutrition**創設者
- **35カ国から2,000人を超える卒業生**、年商億超えのビジネス
- **授業料別に4コース**：
    - **聴講生**——全コンテンツ、コーチングや資格はなし
    - プロフェッショナル——コーチングと資格
    - ビジネス——起業へ向けてのサポートとコンサルティングつき
    - **エグゼクティブ——彼女から直接指導**
- **上位3つのコースは空きが限られている、**最上位コースはつねにすぐ満席
- 14週間のプログラムで**修了率は97パーセント**
- **コーチを雇って14～16人の小グループをサポートさせ、**給与は受け持つ生徒数で決まる。生徒が中退したらその分は支払われない。

運転中だったので何ひとつ書き留めることはできませんでしたが、わたしは目的地に到着するなり、運転席に座ったまま内容を思い返してセカンドブレインに記録しました。

実のところ、これはメモの分量を減らすのに最適です。もっとも重要でインパクトのある内容は、数時間たっても必ず頭に残っているものだからです。

数カ月後、わたしたち夫婦はオンラインセミナーのリニューアルキャンペーンに取りかかっていました。準備期間は2週間しかなく、これから調べる時間はありません。手持ちのアイデアを活用するしかないのです。

準備の一環でこのメモ（エリア・フォルダの「オンライン教育」内で見つけました）に目を通し、心にいちばん響いた箇所を太字にしました。

その後、キャンペーン開始直前に、自分の状況に活かしたい箇所をハイライト。のちに新たな生徒の指導係としてコースの卒業生を雇うことにしたのは、メモでハイライトした部分がヒントとなりました。

これで時間の余裕が生まれ、テルプナーのインタビューから得たもう1つのアイデア、新コース「エグゼクティブ」を創設することができました。

アイデアがどこからやってきて、どんな影響を与えてくれるかは、本当にわからないものです。

4 会議のメモ

日々の仕事において電話と会議にかなりの時間を取られるのは、皆さんも同じでしょう。時間を有効に活用するため、会議で出た新しいアイデア、提案、フィードバック、行動ステップはメモしておきます。

会議中にメモを取ることは誰でもやりますが、たいていぐちゃぐちゃで、脈絡のないコメントの中にやるべきことが埋もれてしまうのが常ではないでしょうか。

わたしは電話を切ったあと、会議が終わったあとすぐに、たいていプログレッシブ・サマライゼーションを行ってメモを整理しておきます。

次に挙げるのは、レコーディングスタジオを設計した経験のある友人との会話中に取ったメモです。

わたしが自宅ガレージをホームスタジオに改築したときのこと。この友人は快くわが家までやってきて、アドバイスをくれました。彼の話を聞きながら、スマホのノートアプリを使い、主要ポイントをメモしていきました。

会議のメモの例（収集したままのメモ）

デリックのホームスタジオについてのアドバイス

デリックのホームスタジオについてのアドバイス

- 4枚折れ戸、すりガラスつき
- 内側のドア全体に引くことのできるブラックシアター遮光カーテン（光とエコーの両方をブロック）。かけることができて使わないときは外せるよう上部にアイレット。またはガレージの隅にバッフルを置き、カーテンをしまって光を遮れるようにする
- ケーブルトラックを下に敷けるスクエア型のパネルカーペット
- 天井を完全に取り払い、すべて黒く塗る。パイプのトラスを渡して天井から照明器具やカメラをつるせるようにする。または天井用ダクトレールを取りつければ結束バンドで器具を固定する手間が省ける
- 天井に吸音パネルを取りつける／黒なら見えない／木ネジとワッシャーで固定

会議のメモの例（太字のメモ）

デリックのホームスタジオについてのアドバイス

デリックのホームスタジオについてのアドバイス

- **4枚折れ戸**、すりガラスつき
- 内側のドア全体に引くことのできるブラックシアター**遮光カーテン**（光とエコーの両方をブロック）。かけることができて使わないときは外せるよう**上部にアイレット**。またはガレージの隅にバッフルを置き、カーテンをしまって光を遮れるようにする
- **ケーブルトラックを下に敷けるスクエア型のパネルカーペット**
- 天井を完全に取り払い、**すべて黒く塗る**。パイプのトラスを渡して天井から照明器具やカメラをつるせるようにする。または**天井用ダクトレール**を取りつければ結束バンドで器具を固定する手間が省ける
- **天井に吸音パネルを取りつける**／黒なら見えない／**木ネジとワッシャー**で固定

会議のメモの例（エグゼクティブ・サマリー）

デリックのホームスタジオについてのアドバイス

デリックのホームスタジオについてのアドバイス

- **4枚折れ戸**、すりガラスつき
- 内側のドア全体に引くことのできるブラックシアター**遮光カーテン**（光とエコーの両方をブロック）。かけることができて使わないときは外せるよう**上部にアイレット**。またはガレージの隅にバッフルを置き、カーテンをしまって光を遮れるようにする
- **ケーブルトラックを下に敷けるスクエア型のパネルカーペット**
- 天井を完全に取り払い、**すべて黒く塗る**。パイプのトラスを渡して天井から照明器具やカメラをつるせるようにする。または**天井用ダクトレール**を取りつければ結束バンドで器具を固定する手間が省ける
- **天井に吸音パネルを取りつける**／黒なら見えない／**木ネジとワッシャー**で固定

買うもの

□ 遮光カーテン
□ アイレット
□ 黒のペンキ
□ 天井用ダクトレール

後日、車でホームセンターの前を通りかかったときに立ち寄って、友人からすすめられたものをいくつか購入しようと計画します。

セカンドブレイン内を〝ホームスタジオ〟で検索をかけ、このメモを見つけました。どこかの時点で購入しなければならないものがほかのアドバイスに埋もれていたので、わたしは運転席に座ったまま2〜3分で、それらを太字にしました。

次に太字部分のアイテムでその日買えるものだけをコピーして、もとのメモの下にリストとして張りつけました。これで、店内ですぐに参照できる便利な買い物リストのできあがりです。

ちなみに、エミー賞を受賞した著名な映画監督ケン・バーンズも、撮影した映像の中で最終版に残るのはほんの一部だと語っています。40〜50時間分の映像でも最終的に映画になるのはたったの1時間というわけです。バーンズと彼のチームは徹底的な抽出作業に当たり、数百時間分もの映像の中に隠れた、もっとも興味深く感動的な瞬間を見つけ出すのだそうです[6]。

プログレッシブ・サマライゼーションは覚えられることを最大化する方法ではありません。「忘れてもいいもの」を最大化する方法です。

抽出されたアイデアは、磨きがかかった〝本質〟です。

細部を削ぎ落とすにはスキルと勇気が必要ですが、何を残すかを決めるには、必然的に、何を捨てるかを決めなくてはなりません。

誰もがハマる「3つのミス」

ここまで「抽出」のやり方をご紹介してきましたが、多くの人がハマってしまいがちな「落とし穴」があります。次の「3つのNG」に気をつけましょう。

●NG1　ハイライトの入れすぎ

メモを抽出するときにやりがちな最大のミスがハイライトの入れすぎです。

学生時代に、黄色い線を引いておきさえすればテストのときに思い出せる気がして、教科書の段落ごと、果てはページ全体にハイライトを引いた経験はありませんか?

メモに詳細までいちいち含める必要はありません。メモはソースが必要なときに、もう一度見つける手間を省く印にすぎません。

わたしの経験では、**強調箇所は元のレイヤーの10~20パーセントに留めるべきで**

す。

つまり、本から500字程度抜粋したら、2番目の太字のレイヤーは100字以内に、3番目のハイライトのレイヤーは20字以内に。

つい何もかも太字にしたり、ハイライトを入れたりしてしまいがちなら、この割合を思い出してください。

●NG2　目的なしにハイライトを入れる

プログレッシブ・サマライゼーションに関してもっともよく聞かれる質問が、「ハイライトはいつやるべきですか？」。

答えは「何かをつくり出す準備ができたとき」です。

収集（キャプチャー）や整理（オーガナイズ）とは異なり、メモの抽出（ディスティル）には時間と手間がかかります。

最初からすべてのメモにハイライトを入れていたら、明確な目的もなく何時間も使ってハイライトを入れることになってしまいます。

まずは、メモの使い途がわかるまでは待ちましょう。

たとえば、わたしはブログへの投稿や記事を書くときは、そのテーマに関連があると思うメモグループから、もっとも興味深い箇所をハイライトすることから始めるようにしています。

アスリートがウォーミングアップやストレッチから始めるのと同じで、「内容をだいたい知っていて、それほど難しくない仕事」が、わたしには執筆のウォーミングアップになります。

どのメモも実際に役立てようとしないかぎり、必ず役立つわけではないと考えてください。

未来の自分が何を必要とし、求め、何に取り組んでいるのかはわかりません。そう考えれば、メモをまとめる作業に慎重になりますね。やるだけの価値があるとはっきりしているときだけ、そうすればいいのです。

メモに〝触れる〟たび、ハイライト、見出し、箇条書き、コメントなどを加えて、未来の自分が発見しやすいようにする。[7]

これは「来たときよりもちょっと美しく」という〝キャンプ場の清掃ルール〟を情報に応用したものです。そうすることで、もっとも触れるメモがもっと見つけやすくなる。それで十分なのです。

●NG3　ハイライトを難しく考えている

ハイライトを入れるのに分析・解釈・分類などはしないでください。内容が興味深いか、常識破りであるか、または「お気に入りの質問」や現在のプロジェクトに関連があるかの判断は、直感まかせでかまいません。

どのコンテンツをキャプチャーするかを決めたとき、心に響くものに耳を澄ましたように、メモの〝中身〟にも同じルールを当てはめます。**その文章に心が動く、注意を引かれる、ワクワクする、自分が刺激される——これらは重要なものを見つけたというサイン**です。迷わずハイライトを加えましょう。

4章でご紹介した4つの判断基準（76ページ参照）はここでも使えます。ひらめきがあるか？　役に立つか？　個人的なものか？　驚きはあるか？　それぞれのポイントを探して、どこにハイライトする価値があるかを見定めてください。

情報は多いほどいいとはかぎらない

プログレッシブ・サマライゼーションに取り組む目的は1つ——将来、簡単にメモを見つけて作業できるようにすること。

思考と創造に関しては、情報は多いほどよいとはかぎりません。抽出（ディスティル）は自分のアイデアをコンパクトにして、最小限の労力で頭に入れられるようにします。**人にとって、もっとも希少な資源は時間**だからです。

本章で学んだことをすぐに実践するには、記事やオーディオブック、ユーチューブの動画など、最近目にした興味のあるコンテンツを1つ見つけてください。「PARA」のどれかにすでに整理ずみのコンテンツでもいいですし、メールの受信トレイや「あとで読む」アプリに入っている新しいコンテンツでもかまいません。コピペ機能かキャプチャーツールを使い、コンテンツのもっとも優れたところのみを抜粋し、新しいメモとしてキャプチャー。これが1番目のレイヤーです。

次に、抜粋に目を通して重要なポイントを太字に変換します。分析して決めるのではなく、心に響くものに耳を澄ませます。この太字が2番目のレイヤーです。

今度は太字の部分だけを読み返し、特に大事なところにハイライト（ノートアプリにハイライト機能がなければ下線）を入れます（3番目のレイヤー）。

ポイントは厳選すること。2、3行、あるいはたったの1行かもしれません。それこそが徹底的に抽出された、見つけやすいメモの姿で、ほとんどの場合はここまで抽出すれば十分です。

数日メモを脇へやり、詳細を忘れたころに再チェックできるよう、リマインダーをセットしましょう。

再度メモに戻るときはハイライトした箇所に目を通し、**30秒以内に内容をつかめるかを確認**。ハイライトが多すぎた、あるいは少なすぎたかはこのときわかります。

こうしてハイライトを入れるたびに、本当に大事なこととそうでないことを区別して、自分の判断力を鍛えることができます。

判断力を駆使すればするほど、メモを取ることの効率は上がり、どんどんおもしろくなってくると思います。

1 Discoverability. Wikipedia.

2　いちばん下の層は〝土〟――ノートに最初に記録した情報源やわたし自身の考えからの抜粋(言葉、絵、イメージ、音声などなんでもいい)だ。これは理解を築く土台となる大地にたとえられる。下から2番目の層は「石油を掘り当てた!」と狂喜するイメージから〝石油〟で、黒の太字にしたテキスト。3番目の層〝黄金〟は、さらに価値が高く、多くのアプリのハイライトで黄色に輝く。4番目の層は情報を抽出して自分の言葉でエグゼクティブ・サマリーにした、きらきら輝くもっとも貴重な発見物、〝宝石〟だ。

3　イギリスの哲学者ジョン・ロックは著書『A New Method of Making Common-Place-Books』で「選りすぐりのすばらしいものだけを抽出すること。次に来るもののためではなく、その内容そのもの、あるいは表現の優雅さのために」と同様にすすめている。

4　人は情報の見た目にとても敏感だ。ウェブデザインでは、ボタンの色を少し変えたり、ヘッダーを少し言い換えたりするだけで、アクセス数が容易に2桁変わる。一般公開されるウェブでやるのと同じように、自身のデバイスでも情報のプレゼンテーションにこだわってはどうだろうか。わかりやすい見出しや段落をつける、ハイライトを入れるといった簡単なことでも、理解しやすさが飛躍的に向上するだろう。

5　抽出(ディスティル)はイメージ、音声、動画などほかの種類の媒体にも適用されるが、やり方がまったく異なり、本書の範疇を超えている。

6　バーンズはオンライン講座『マスタークラス』(MasterClass)のドキュメンタリー映画講座で、プロジェクトに関連のある素材を集めるようすすめている。「新聞にプロジェクトと関係のある記事があったら?　切り抜いてファイリングする。ナレーションやダイアローグの草稿を書いたことは?　プリントアウトしてファイリングする。最初のインタビュー相手に尋ねたいすごい質問を思いついたことは？　紙に書き出してそれもファイリングする」

7―この原則はスティグマジー（stigmergy）と呼ばれる。環境に〝印〟を残して未来の自分の努力を軽減させることだ。これはアリのコロニーが餌を見つけるのに使う戦略である。餌を見つけたアリはそのかけらを持って巣へ戻り、道すがらフェロモンを落としていく。ほかのアリたちはその痕跡をたどって餌を発見。こうすることでアリは集団ですばやく餌を見つけて運ぶことができる。

07

表現（エクスプレス）
──成果をアウトプット

仕事をするときは「成果を頭に描くのが大事だ」とはよく言われることです。これはおおむね正しいアドバイスですが、最終結果ばかりに目を向けることには欠点があります。

メモ、草稿、アウトライン、フィードバックなど、結果へ至る過程の仕事はどれも過小評価されがちです。それらの仕事に注ぎ込まれた貴重な集中力は使い捨てにされ、二度と利用されることがありません。

「仕掛かりの作業」の大半は頭の中で行われるため、プロジェクトが完了するなり、苦労して手に入れた貴重な知識は記憶から一掃されてしまいます。

しかし、知識をリサイクルしてシステムへ戻し、ふたたび活用できるとしたら？

今日、自分が生み出した知識資産で、将来、再利用可能なものはどれでしょう？

自分のプロジェクトを前に進められそうな構成要素（ビルディング・ブロック）はありますか？

将来どんなプロジェクトに取り組むことになろうと、くり返し参照できるような形に知識をストックしておけないだろうか？

「すべての準備が完璧に整うまで知識の共有はしない／自分の中だけで話を進める」という人がじつに多いのですが、クリエイティブ・プロセスの最終段階「表現（エクスプレス）」とは、これをやめることです。

自分のアイデアをもっと早くから、もっと頻繁に、もっと小出しにして表現し、うまくいくかを試しながら、周囲からフィードバックを集めること。

もちろん、もらったフィードバックはセカンドブレインに収め、次の仕事のきっかけにしていきます。

小さく考えることのパワー

仕事に行き詰まったら、やるべきことを小分けにするといい――これはおそらく耳にタコができるほど聞かされたアドバイスでしょう。

どんな職業やクリエイティブな媒体にも完成に至るまでに〝途中段階〟があるものです。たとえば――

・ソフトウェア開発の〝モジュール〟
・スタートアップ企業がテストする〝ベータ版〟
・建築の〝見取り図〟
・テレビ番組の〝パイロット版〟
・エンジニアが作製する〝プロトタイプ〟
・自動車デザインにおける〝コンセプトカー〟
・レコーディングの〝デモ音源〟

どれも何かを新しく生み出す過程でつくられる〝たたき台〟と同意語です。

さて、ほとんどの人が見落としているのは、仕事を小分けにするだけでは不十分で、小分けにしたものを管理する〝システム〟が不可欠だということです。

そのシステムがセカンドブレインであり、進行中の仕事を小分けにしたものを**「中間小包（インターミディエイト・パケット）＝ＩＰ」**と呼んでいます。

たとえばチームミーティング中に取ったメモ、関連性のある研究結果のリスト、協力業者との打ち合わせ資料、市場分析資料、会議でまとめた作業リストなど。どのメモも大きなプロジェクトや目標で使える可能性を秘めています。

健康志向のエナジードリンクの新キャンペーンを企画しているセールスパーソンを想像してください。営業は〝知識管理（ナレッジ・マネジメント）〟とはまるで関係のない仕事に見えるかもしれません。電話をして、会議を開き、売り込みをかけ、契約を結ぶだけでは？　と。

営業の仕事を詳しく見ると、多くの構成要素（ビルディング・ブロック）から成り立つことがわかります。

広告チラシ、販売目論見書、営業電話の実例集、見込み客のリスト、主要な販売代理店と以前に話をしたときのメモ。セールスパーソンの業績はこれらの資産にかかっています。

レゴブロックと同じで、構成要素（ビルディング・ブロック）は多ければ多いほど、おもしろいものがつくれます。

白紙の状態からプロジェクトを立ちあげるのではなく、調査結果、ネットからの切り抜き記事、ＰＤＦのハイライト部分、本からのメモ、草案――自分の分野、産業、ひいては世界を理解するために重ねてきた努力の結晶がすでにたっぷり用意できているのですから。

報告書、提出書類、立案計画、走り書き、グラフ、資料に注ぎ込む努力を知識資産としてあつかい、再利用できるようにしましょう。

再利用できるＩＰには次のようなものがあります。

●抽出済みのメモ

読んだ本や記事を、すぐに要点がわかるよう（たとえば前の章で学んだテクニックを使って）抽出したもの。

●アウトテイク

過去のプロジェクトでは使いどころがなかったが、今後使えそうな素材やアイデア。

●仕掛かり品

過去のプロジェクトでつくった書類、グラフ、アジェンダ、計画書。

●最終的な提出物

過去のプロジェクトの一部としてつくられた完了済みの仕事で、新たななにかの構成要素になりうるもの。

●ほかの人がつくった資料

チームのメンバーや請負業者、コンサルタント、あるいはクライアントや顧客がつくった知識資産で、参照することができて自分の仕事に取り入れられそうなもの。

たとえば、いままで意識せず捨てていた構成要素（ビルディング・ブロック）のうち、次のような作業を通して、IPをつくれないか考えてみてください。

・実用的な記事を読んだら、いざというときのために役に立ちそうな情報を保存して〝抽出済みのメモ〟にしておく。
・書きあげた文書から段落を丸ごと1つカットすることにしたら、続きを書くことになったときのために、カットした部分を〝アウトテイク〟として保存する。
・製品開発で要件の詳細を作成したら、その〝仕掛かり品〟を今後のプロジェクトのテンプレートとして保存する。

・あなたが経営コンサルタントなら、〝最終的な提出物〟として経営陣に示したスライドを保存し、類似のプレゼンテーションに再利用する。
・あなたが研究所の科学者で、同僚がすばらしい治験実施計画書を作成していたら、その〝ドキュメント〟を再利用して自分用に改良する（もちろん、同僚の許可をもらうこと）。

ソースは必ず明記し、クレジットに挙げる必要があるときは必ずそうします。誰もが先人の助けを借りながら存在しているのですから、先人の視座の上に積み重ねていくほうが、ゼロからスタートするより賢明でしょう。


ＩＰのフル活用には強力な利点があります。

まず、集中力が途切れることがなくなります。プロジェクトの全容をいっぺんに頭に入れる代わりに、順番に小分けにしたＩＰをつくることに集中できるからです。進行中の仕事をすべて一気に処理しようとするから、注意力が失われるのです。

次に、短い時間でも仕事を進めることができるようになります。頻繁に邪魔が入るようなときでも、短時間でできるＩＰを選べます。

大きなプロジェクトや目標も、隙間時間に片づけられるぐらい細かくしてしまえばなんの問題もありません。

３つ目に、ＩＰを小分けにすることで、フィードバックの回数が増え、仕事の質を向上させることができます。

何週間も１人で頭を悩ませたあげくに、いざその成果を上司やクライアントに提示したところ、方向性をカン違いしていた――という失敗はありませんか。

まずは小さな構成要素（ビルディング・ブロック）を１つだけ選び、先へ進む前に外部からアドバイスをもらいましょう。

相手も早めに相談されたほうがよりよいフィードバックができ、仕事の進捗《しんちょく》状況が明白になります。

４つ目、とりわけすばらしいのは、自由に使えるＩＰが豊富にあるため、以前つくったＩＰを集めるだけで、新たなプロジェクトを丸ごと１つ実行できることです。

スピーディに仕事を進め、なおかつ、コンスタントに高い基準を保っているあなたに、まわりの人たちは感嘆することでしょう。

どうやってそんな余裕を見つけているのかと不思議がられるでしょうが、実のところあなたは長い時間をかけてはいないし、身を粉にして働いてもいません。セカンドブレイン内で拡充されていくIPを利用しているだけです。

「小さく考える」ことで、何カ月もかけて全力で取り組まねばならない巨大な重荷が、価値を生み出す継続的なサイクルとして見えてくるようになります。

「優れたフォーマット」がもたらすインパクト

草案をつくるたび、スライドをデザインするたび、携帯電話で短い動画を撮るたび、SNSに投稿するたび、ちょっとした行動から、形のある副産物が生まれます。

たとえば、こんな文書やコンテンツです。

- ウェブやSNSに保存した〝お気に入り〟やブックマーク
- 個人的な考えを書き込んだ日記や日誌
- 本や記事につけたハイライトや下線
- ソーシャルメディアに投稿したメッセージ、写真、動画
- プレゼンテーションに使ったスライドや図表
- 紙やアプリに記した図表、マインドマップ、そのほかの図

・会議やインタビュー、トーク、プレゼンテーションを録音、録画したもの
・メールで受け取ったよくある質問への返答
・ブログの投稿や報告書など自分で書いたもの
・アジェンダ、チェックリスト、テンプレート、プロジェクトの振り返りなど、ドキュメント化された計画とプロセス

いまからIPをつくることもできますが、すでに自分でつくっているIPにただ気づき、少し時間を取ってセカンドブレインに保存するほうがはるかに効率的です。

一例を挙げましょう。

大規模な会議を企画している人がいます。会議を企画するのが初めてだとすると、すべてゼロから始めなければならないように思えることでしょう。もっとも、大きなプロジェクトも小さな構成要素（ビルディング・ブロック）に分けてみると、必要なものが明確になります。

・会議の計画
・関心を引く分科会のリスト

・基調講演配信時のチェックリスト
・自分の持つネットワークに会議を告知するメール
・講演者や討論者候補への依頼
・会議の公式ウェブサイト

これらは運営に必要なことの一部分です。

さて、これらをＴｏ Ｄｏリストに載せて、すべて自分でやることもできますが、もっと早くて効果的な方法はないのでしょうか。

たとえば、自分でつくる代わりに、「取得」もしくは「収集」できないだろうか？ 会議の計画は、別の会議でつくられたものを流用して、テーマと講演者の名前を替えれば簡単にできます。

分科会のリストは先にテーマをどんどん書き出し、ほかの人にすぐ見せてみる。彼らの提案で興味をそそられるテーマをつけ加えていく。

以前、イベントを企画したときに使った「基調講演を漏れなく実行するためのチェックリスト」は残っていませんか？

メールは過去に出席した会議のものを参考に。

「出来映えがすごい」と思って取っておいた会議用ウェブサイトのスクリーンショッ

トは、自分でサイトをつくるときにぴったりの見本になります。

見本は創造力の種です。テンプレートがあればアイデアしだいで姿を変えることができますし、行き当たりばったりに作業する必要はありません。

優れた実例と豊富な見本は、ほぼあらゆるジャンルに存在します。


わたしが尊敬する各分野のエキスパートたちは、誰もがIPを所有し、活用しています。セカンドブレインが、すでに使われ、効果を上げているものの保管庫だとするならば、わたしたちがやろうとしているのは、それを意図的に、手順を決めて使うということだけです。


検索で見つけられるよう、ノートアプリなどで1カ所に収集（キャプチャー）する。

生活にまつわる大事な側面ごとに、プロジェクト、エリア、リソース別に整理（オーガナイズ）する。

すばやくアクセスして取り出せるよう、大切なポイントを抽出（ディスティル）する。

これらのステップを一度経験してしまうと、「表現（エクスプレス）」は苦行から、既存の資産を組み合わせる楽しい作業へ変わります。


そのつど、あわてて資料をかき集めることもできますが、トラブルのもとです。

必要なものが揃っているかどうか自信がない。前にも同じようなことをやったことがある気がする――気まぐれな脳を頼りに毎回知恵を絞り出していると、それだけで大きな負担でしょう。

過去の仕事を浮上させ、再利用する法

では、どうすればIPを必要なときに見つけて取り出せるのでしょう?

これはかなり問題で、過去に保存しておいたIPと未来のプロジェクトとのつながりの多くは、きわめて予測不可能でしょう。

ビルに張られていたコンサートのポスターの写真が、制作中のロゴデザインのヒントになったり。

地下鉄でふと耳にした曲が、子どものお遊戯会のためにつくっているジングルのアイデアになったり。

本で読んだ〝説得術〟が、会社で任されている健康キャンペーンの活動に使えたり。

すごいアイデアは、ときにテーマの垣根を越えることで生まれることもあります。

これは計画することも予測することもできません。形もサイズもばらばらのアイデア

を混ぜ合わせることで生まれるかもしれません。

予測ができないため唯一完璧な方法も存在しないのですが、補完しあう4つの取り出し方があります。この4つを順に実行することでコンピュータよりも強力で、なおかつ人間の頭脳より柔軟な対応が取れます。

●取り出し方1　キーワード検索

検索の利点は時間も努力も要しないこと。**キーワードがあれば、何度でもすばやく検索できるのが、ノートアプリの強み**です。

文書作成ソフトウェアのようにいちいちファイルを開いたり閉じたりする必要はありません。ある意味、セカンドブレイン内のメモはすでに〝開いた〟状態なので、クリックかタップするだけで中身を見ることも、情報をあつかうことも可能です。

探し物の見当がついているとき、既存のフォルダにメモを保存していなかったとき、テキストファイルを探しているときに、検索はもっとも力を発揮します。

しかし、検索にも限界があって、探し物の見当がついていないとき、探すべき既存のフォルダがないとき、イメージ、図、グラフを探しているときは、次の「ブラウジング」の出番です。

●取り出し方2　走査検索（ブラウジング）

5章で紹介した「ＰＡＲＡのルール」にしたがってメモを整理済みなら、進行中のプロジェクト、エリア、リソース、アーカイブごとに専用フォルダができていることでしょう。

それぞれのフォルダは特定のジャンルに集中するためにつくられた専用の環境です。

どのフォルダにも、電話中に走り書きしたメモから、以前のプロジェクトですでに使用した実証済みのＩＰまで、幅広いコンテンツが含まれていることでしょう。

行動を起こすときが来たら、しかるべき「プロジェクト」フォルダに入れれば、そこにあるのはいまの仕事につながる材料ばかりです。

検索は便利ではあるものの、さまざまな研究によると、[I]人は多くの場合、情報を手動で探すことを好みます。手動なら、探し方をコントロールできるからです（どこを探せばいいかはフォルダやファイル名から見当をつけましょう）。[II]

ブラウジングでは、ざっくりしたところからスタートして的を絞り、探している情報に徐々に狙いを定めます。こういったやり方は、発達した脳の古い部分を使って物理的な環境を探すので、容易に感じられるのです。[1]

ノートアプリにはフォルダの階層を簡単にブラウジングできるさまざまな機能があります。作成日などの項目ごとにメモを〝並べ替え（ソート）〟できるアプリなら、自分のアイデアを新しい順に見ることができます。

イメージやウェブ・クリッピングだけを表示できるアプリなら、ざっと目を通して、注意を引くものを探します。

多くのノートアプリではウィンドウを複数開けて隣に並べられるので、パターンを探したり、ウィンドウ間でコンテンツを移動させたりが可能です。

しかし、フォルダのブラウジングで探せることにも、やはり限界があります。予定されているプロジェクトなら、先にプロジェクト・フォルダへ保存し始めることができますが、予定が決まっていない場合もあります。仕事のどのエリアに関わるメモか明白なときもありますが、収納先がわからないこともしょっちゅうです。

メモの多くは結果的にまったく予期せぬところで役に立ちます。必要なのはこういった「偶然の発見（セレンディピティ）」をうながすことであり、セレンディピティに逆らうことではありません！

●取り出し方3　タグづけ

タグは保存場所に関係なくメモにつけられる小さなラベルのようなもの。

タグづけしておけば、検索でタグのついているメモの一覧を表示できます。フォルダの大きな弱点は、それぞれのアイデアが孤立し、興味深い結びつきが生まれにくいことです。タグはこの制限を取り払い、カテゴリーの枠を超えて異なるテーマやパターンを容易に見られるようにして、セカンドブレイン内でつながりを生み出します。

効果的なタグのつけ方についてご紹介しましょう。

たとえば、カスタマーサービスの仕事をしている人が、あるとき顧客から同じ質問をたびたびされることに気がつきました。

そこで「よくあるご質問（FAQ）」としてそれをまとめ、会社のウェブサイトに掲載することにします。

これはプロジェクトに当たりますが、事前に計画していたわけではないので、資料集めも始めていません。ウェブページデザインの参考にしたいさまざまなメモはあるものの、それらを現在のプロジェクト、エリア、リソースのフォルダから移動したくはありません。

そこでタグの出番です。時間を15分つくり、作成中のＦＡＱに関連するワードを検索します。

役立つメモを見つけたら〝ＦＡＱ〟とタグをつけ、メモ自体は動かしません。十分に資料を見つけたら、あとは〝ＦＡＱ〟のタグを検索。タグづけしたメモの一覧が瞬時に現れます。

これで詳しく読み返すことができ、使いたい箇所をハイライトして要点を抜き出し、参考にしながら「よくあるご質問」を書きあげます。

タグづけをメインの整理手段にすることはおすすめしません。気軽にできるキーワード検索やフォルダのブラウジングに比べて、いちいちメモにタグづけするのはあまりに手間です。

もっとも、キーワード検索とブラウジングでは対処できず、任意に集めて結びつけ、複数のグループをまとめてあつかいたい場合にはタグづけが便利です。[2]

●取り出し方４　偶然の発見（セレンディピティ）

４番目の取り出し方はもっともわかりにくいのですが、もっとも役に立ちます。

検索、ブラウジング、タグづけでは到達不可能で、人智では単純に計画も予測もできない可能性の領域が存在します。青天の霹靂《へきれき》のように、アイデア同士がいきなり頭に飛び込んでつながる瞬間。こういう瞬間こそが、クリエイティブな仕事をする人たちにとっての生きがいです。

それらのお膳立てをする手段はないものの、理想的な環境を整えてあげることはできます。

雑多なテーマに関する、異なるフォーマットの素材をすべて一緒くたにしてセカンドブレインに放り込んでおくのは主にこのためです。

取り出し方におけるセレンディピティには、複数の異なる形があります。

まず、先の3つの取り出し方——キーワード検索、ブラウジング、タグづけ——を使うときに視野を少しだけ広くします。**自分が探している条件に合うフォルダだけを検索しないこと**。類似のプロジェクト、関連するエリア、別の種類のリソースというように、関わりのあるカテゴリーに必ず目を通します。

わたしはプロジェクトに着手するときは、PARAのフォルダを5つか6つほど調べて、なにか役立つものはないかをチェックします。

6章で説明したプログレッシブ・サマライゼーションでメモを抽出（ディスティル）してあれば、ハイライトされた箇所とまとめだけに集中できるので、すべての言葉に目を通すより格段に早く振り返れます。

ハイライトされたメモなら、わたしは1つ当たりの見直しに平均30秒もかからず、10分あれば20以上のメモを見直せます。

次に、セレンディピティは視覚によって増強されるということ。テキストだけでなくイメージも保存することをおすすめするのはこのためです。**色や形は直感的に認識でき、脳が消費するエネルギーは文字を読むよりはるかに少なくてすみます。**一部のノートアプリはメモとして保存したイメージのみを表示できるので、より直感的に脳の視覚野を活性化する強力な手段となります。

3つ目に、「アイデアの共有＝人に見せてみる」はセレンディピティの大きな要素です。

ただ、相手がどんな反応をするかは予測できないうえに、自分が深く興味を持っている箇所に、相手はまるで興味を示さないこともあるでしょう。

相手が正しい、または間違っていると、一概には言えませんが、いずれにしても相手のフィードバックを利用することはできます。

逆もまたしかり。自分は当然だと思っていたことが、相手にとっては目からウロコだった——これも有用なフィードバックです。

あなたが考えたこともなかったアイデアの側面をほかの人から指摘される、存在も知らなかったソースを見てみるよう提案される、ほかの人がアイデアを出して改善に貢献してくれる——。

これらのフィードバックはどれも、自分の「第1の脳（ファーストブレイン）」と「セカンドブレイン」に加え、「ほかの人たちの脳」まで活用する方法です。

仕事がノーストレスになる「奇跡的なやり方」

セカンドブレインを成長させるには、「記憶する」「結びつける」「つくり出す」という3つの段階があると3章で説明しました。

わたしの元生徒たちのケースを例に、これら3つの段階の働きを見ていきましょう。

記憶する　必要なときにアイデアを取り出す

フィリピンでビジネスコンサルタントをしているBさんは、セカンドブレインづくりの目標として、暗号資産をもっとよく理解することを挙げていました。

ほかの整理術も試してきましたが、「目を通してはブックマークをして、やがて忘れる」のくり返しだったと言います。

Bさんは新しい暗号資産に関する記事を見つけ、数分ほど時間を取って、そこからの抜粋を保存しました。

友人のうち何人かがこのテーマに興味を示したので、今度は8分ほどでプログレッシブ・サマライゼーションを行い、まとめた記事を彼らと共有しました。

友人たちは大量の情報から必要な記事だけ読むことができ、「時間の節約ができた」と喜んでくれました。それに彼らとのコミュニケーションツールにもなりますね。

「セカンドブレインから成果を引き出すぞ」という気合いも、大きな目標も必要ありません。

あなたが心に響くアイデアを収集（キャプチャー）していれば、数日のうちには、それらを共有して他者に役立ててもらうチャンスがめぐってきます。

結びつける

ノートを使ってより大きなストーリーを語る

Pさんは牧師として働いており、セカンドブレインを故人の「お別れ会」の準備に活用しています。

彼が「お別れ会」で目指すのは「故人の人生をたどりながら、その生き方に意義を見出《みいだ》して称えること」。

以前、その準備には膨大な労力が必要でしたが、セカンドブレインのレンズを通すと、自分の仕事が非常にシンプルなものだと気づいたのです。

いくつかのテーマと耳にしたエピソードを集め、それらを結びつけて、故人を愛する人たちにとって意義深いものにすればいいのだと。

そこで準備の仕方を変えました。

自動文字起こし機能のついたスマホアプリで会話を録音すれば、悲しむ遺族に寄り添いながらも、大切なことは一言一句漏らしません。

文字起こし原稿に加えて、地元メディアの追悼記事、写真、そのほかの関連ドキュメントを「お別れ会」ごとにPARAのプロジェクト・フォルダにすべて保存し、1カ所で全部見られるようにしました。

以前なら遺族・故人の友人・隣人と話をしたあと5〜7時間かけてすべての内容をまとめていたのが、いまでは誰かと話をしたらすぐに、心に響いた箇所のみにハイライトを入れるようにし、一度の作業に15分しかかからなくなりました。

つくり出す

プロジェクトを完了させ、目標を達成する

Ｒさんは大学で教育心理学の教授をしています。授業の一環として、プログラムづくりとプレゼン資料作成にノートアプリを活用しています。

彼女がセカンドブレインづくりを始める前は、まとまった時間が取れてから講義のアイデアを整理していました。

しかし、子育てをしながら仕事をしているので、邪魔されることのない時間を取るのは難しくなる一方でした。

別のやり方ができるようになったきっかけが、ノートアプリです。イベント前の数週間や、ひらめきがわきあがる日には、資料のアイデアを短いメモにして「未処理箱」へ入れるようにしました。

これで草稿に取りかかるときには、必要なＩＰはすべて手元に揃っています。あとはメモやすでに集めてある既存のＩＰを結びつけるだけです。

Ｒさん曰く「自分の優先順位へ目を向けられるようになりました。仕事での優先事項、家庭での優先事項、パートナーとの時間で優先すべきこと……というように。そして目の前のやるべきタスクのみに集中します」。

クリエイティビティは共同作業から生まれる

最高傑作を生み出すには、他者からの干渉を遮断し、1人でコツコツがんばらなくてはならないのでしょうか？

わたしの経験では、クリエイティビティのしくみはこれとはまったく異なります。どんなメディアにおいても、遅かれ早かれ必ずほかの人たちと働かなくてはなりません。

ミュージシャンなら、録音したもののミキシングにサウンドエンジニアが必要になりますし、俳優ならその才能を信じてくれる監督が、作家ならパートナーとして試行錯誤してくれる編集者がいりますね。

IPにするのは、小さく分割することだけが目的ではありません。**人と共有し、共同作業をしやすくするため**です。

作成しているものを丸ごと見てもらうより、ごく一部を見せて意見をもらうほうがずっと簡単です。

何カ月もかけた完成品に対して否定的なことを言われたらダメージが大きいです

が、まだやり直しの利く早い段階で、ごく一部について悪い評価をもらうなら、それほど問題にはなりません。

クリエイティブな仕事の難しい点は、つくり手が近視眼的になって客観性に欠けること。フィードバックにいかに大きな価値があるかがひとたびわかれば、できるだけ多くのフィードバックが欲しくなるでしょう。

なるべく早い段階で、なるべく頻繁にフィードバックをもらうために、仕事の仕方も変わってきます。

自分ひとりでアイデアをひねり出すより、ほかの人たちの考えを集めてまとめあげるほうがはるかに楽だとわかっているのですから。

すべてはリミックス

「クリエイティビティはつねに既存のパーツのリミックスである」という考え方に、本書はもとづいています。わたしたちはみな先人の助けを借りています。純粋な〝無〟からなにかを生み出すことは誰にもできません。

キットバッシング（kitbashing）という小さな模型づくりに使われる手法があります。

『スター・ウォーズ』や『インディ・ジョーンズ』などのアクション映画でも使用されており、時間と予算の節約のため、市販の模型キットを購入して組み合わせ、撮影用に新たなモデルを作製するのです。

あらかじめできあがっているパーツを使い、特撮シーン用に質感とディテールを加えれば、時間もコストも従来の数分の1ですみます。

とはいえ、ほかの人の作品を丸ごとコピーしてはいけませんよ。

〝特徴〟や〝要素〟を拝借します。ウェブページのバナーの形、スライドのレイアウト、曲のスタイル。これらを自分のレシピに取り入れ、ブレンダーに入れましょう。もちろん、ネタ元や影響を受けたものは、たとえその必要がなくとも明記します。クレジットに記載することは自分にとっても有益なこと。すべてのソースをきちんと記録しておけば、あとで調べて完成版に記載できるからです。

生産性とは、仕事を「IP」と考えることです。

仕事を〝タスク〟と考えると、つねに自分がそこにいてすべてを構築することが求められますが、〝資産〟であり、〝構成要素（ビルディング・ブロック）〟であるなら、それらは集めることができる、というのは言うまでもありません。

つくること＝知ること

なにかについて本当に〝知る〟には、関連する本を読むだけでは不十分です。アイデアは薄れやすく、時間の流れとともにあっという間に消えてしまうもの。**頭にしっかり定着させるには、アイデアを使ってなにかしなくてはなりません。**

心の準備ができていなくても、完全には把握していなくても、どこへ向かうのか定かでなくても、まずは誰かに向かって発信してみましょう。

自身の作品、アイデア、可能性に責任を負い、どんな場所でも、そこで貢献できることを探してみてください。

あなたのアウトプットが何人の目に触れるかは問題ではありません。家族や友人たち、同僚やチーム、近所の人や学校の仲間のあいだだけでかまわないのです。

健康的な食生活に関するメモがたくさんあるなら、昔ながらのレシピを自己流にアレンジしてコミュニティ誌に掲載してみては？

受講したプロジェクト・マネジメント・スキルの講座のメモがあるなら、それをまとめて同僚たちにプレゼンしてみては？

書き留めたことや人生経験をもとに、同じような壁にぶつかっている人の力となれないでしょうか。ブログを書いたり、動画を撮って公開してみては?

大切なのは自分の意見を見つけ、声をあげること。

小さなアイデアでも、人々の生活を変える可能性があると信じてみてください。

---

1 ニューヨークのティーチャーズ・カレッジで心理学と教育学の教授を務めるバーバラ・トヴェルスキーはこう指摘する。
「わたしたちは、抽象的な思考よりも空間的な思考を多く経験しており、そちらをあつかうほうが得意です。抽象的な思考そのものは難解ですが、幸い、多くの場合はなんとか空間的な思考に落とし込むことができます。こうすることで、空間的な思考は、抽象的な思考の代わりとなったり、足場となったりできるのです」

2 パーソナル・ナレッジ・マネジメント(PKM)のためのタグづけはそれだけで一つのテーマとなる。必ずしも取り入れなくてよいが、わたしがタグづけについて執筆した付記(無料、英語のみ)をBuildingasecondbrain.com/bonuschapter からダウンロードできる。

PART

3

CHANGE

「セカンドブレイン」を使って、何を実現させるか

「知的財産」を発展させる

ここからはいよいよ構築した「セカンドブレイン」を使って、形あるものへと発展させていくフェーズである。

キーワードは

「発散（ダイバージェンス）」と「収束（コンバージェンス）」。

「キャプチャーする」「整理する」のタスクで大きなセカンドブレインという「知の倉庫」をつくってきた皆さんは、「抽出する」「表現する」のフェーズで、情報を「収束」させなければいけない。

本パートでは、情報を削ぎ落とし、本当に必要な本質までシンプル化するステップを紹介していく。

また、クリエイティビティの〝産物〟は時代とともに変わり続けるが、あなたの大切な「セカンドブレイン」をどのようにアップデートしていけばよいのか。

「実行」→「レビュー」→「改編」のサイクルを回し、セカンドブレインを動的な資産として活用する方法を探っていくことにしよう。

08 創造性を発揮するための技術

「CODEメソッド」の4ステップが目指すものはただ1つ。

自分の脳（第1の脳＝ファーストブレイン）に、クリエイティブな仕事に集中させる環境をつくること。人間の脳がもっとも得意とすることは、想像、発明、革新、創造などの予測のつかない能力です。

そのために、デジタルツールを活用した「セカンドブレイン」が存在します。

その本質は、仕事を〝標準化〟することでしょう。

なぜなら、〝標準〟なしには、ある1つのやり方を〝改善〟することはできないのですから。

アイデアを収集（キャプチャー）

⇐

グループに整理（オーガナイズ）

⇐

もっとも優れたパーツを抽出（ディスティル）

⇐

組み立てて他者のために価値をつくり出す（エクスプレス）

この活動を行い、時間をかけて改善する——標準化されたこのサイクルが〝クリエイティブなプロセス〟であり、これはどの時代においても不変の原則です。**基盤となるテクノロジーが大きく変化しようと、クリエイティビティの本質は変わりません。**

クリエイティビティの〝産物〟は変わり続け、多くの人々は〝最新の〟トレンドを絶えず追いかけるでしょう。

ある年はインスタグラムの写真だったのが、翌年にはスナップチャットのストーリーになり、その次はティックトックの動画と、流行の変化は永遠に続きます。長い歴史を持つ小説ですら、時代ごとに変化を遂げています。

ただし、クリエイティビティの〝プロセス〟は太古の昔から不変です。このプロセスのもっとも重要なパターンの1つが、〝ダイバージェンスとコンバージェンス〟と呼ばれるものです。[1]

クリエイティビティのバランス

なんであれ何かをつくり出すプロセスを観察すると、発散（ダイバージェンス）と収束（コンバージェンス）のあいだを交互に行き来するシンプルなパターンがあることがわかります。

クリエイティブな試みは、まずダイバージェンスから始まります。可能性の範囲を広げて、1つでも多くの選択肢を検討します。外の世界からさまざまな情報のかけらを集め、新たに影響を与えてくれそうなものに身をさらし、新たな道を探索して、自分の考えをほかの人たちに話し始めます。

“発散”と“収束”のプロセス

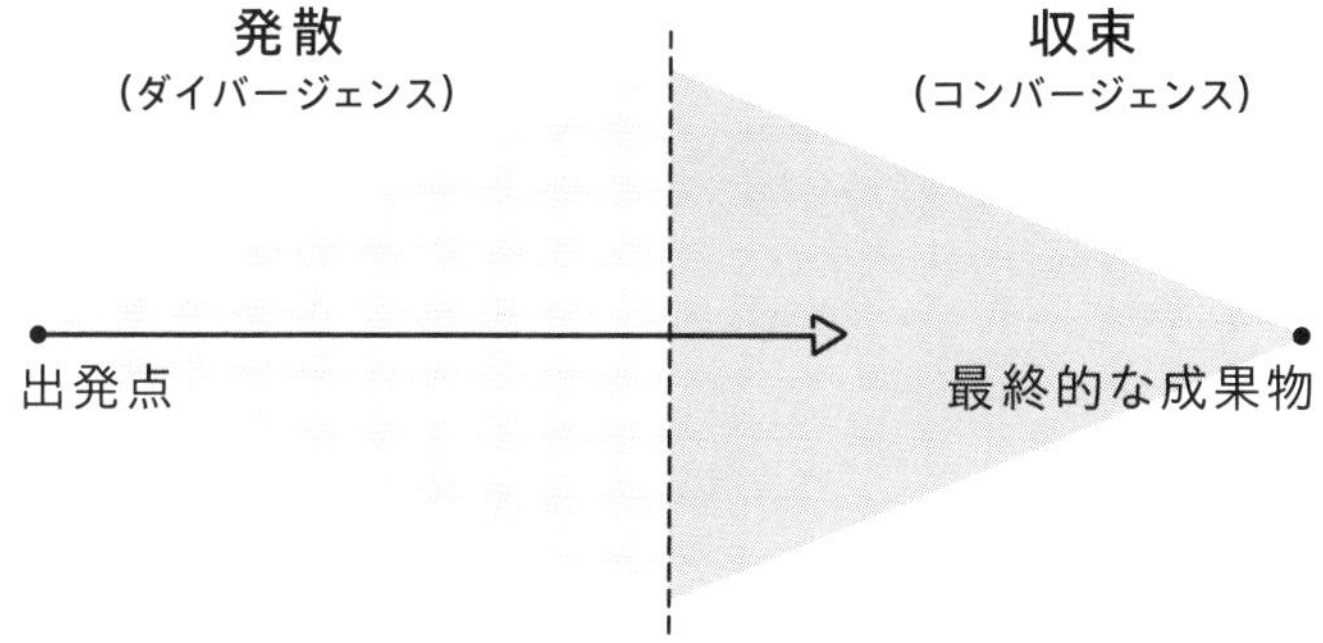

自分が目を向けるべきもの、検討するものの数はどんどん増加する——これが〝発散〟です。

一方で、コンバージェンスする段階では選択肢を減らし、妥協し、何が絶対不可欠かを決めていきます。**前に進むために可能性を絞り込み、満足のいく結果にたどり着くのが目的**で、収束させることにより、作品には命が吹き込まれ、制作者の手を離れます。

ダイバージェンス・コンバージェンス・モデルはあらゆるクリエイティブな仕事の基本です。

作家なら、語りたいストーリーの素材集め、登場人物として使えそうなキャラクターづくり、史実のリサーチがダイバージェンスに当たります。そしてあらすじの作成、話の分岐点の配置、初稿を執筆することでコンバージェンスしていきます。

エンジニアなら、あらゆる可能なソリューションのリサーチ、問題の範囲の検証、新しいツールの手直しがダイバージェンス。特定のアプローチの決定、実装のための設計、設計図に命を吹き込むことがコンバージェンスです。

ウェブデザイナーであれば、サンプルとパターンを集め、ユーザーから話を聞いて彼らのニーズを理解する、または可能な解決策を考えることがダイバージェンスです。

そして解決する問題を決定し、ウェブサイトの設計図を制作したり、デザインをグラフィックファイルに置き換えたりするのがコンバージェンス。

写真家なら、興味を引かれたものの写真を撮り、異なる種類の写真を並べて比べたり、新しい照明や構図テクニックを試したりするのがダイバージェンス。

コレクションのために写真を選んだり、使用しなかった写真をアーカイブしたり、気に入った写真を現像したりするのがコンバージェンスです。

ダイバージェンスとコンバージェンスにCODEのメソッドを重ねると、現代に即

“発散”と“収束”は「CODE」メソッドで説明できる

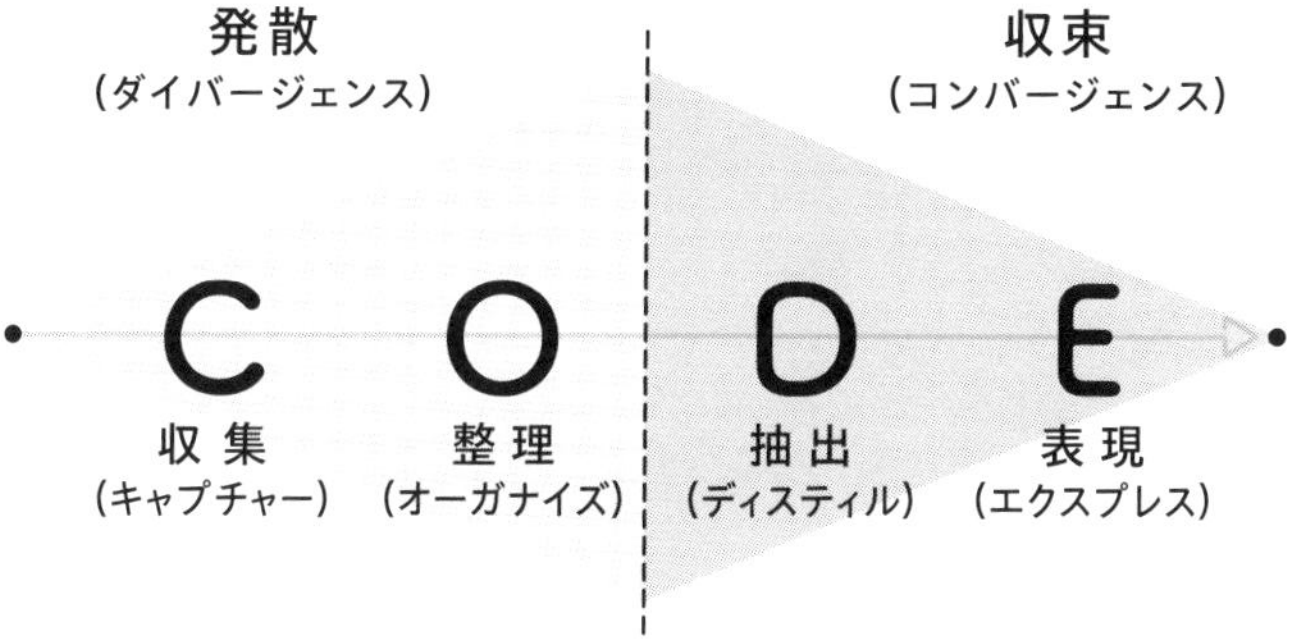

したクリエイティブ・プロセスの強力なテンプレートができあがります。

CODEの最初の2つのステップ、収集（キャプチャー）と整理（オーガナイズ）はダイバージェンスです。創造の種を集めて安全な場所に保管するのがその役目です。調査や探索、アイデアの追加はここで行われます。

残る2つのステップ、抽出（ディスティル）と表現（エクスプレス）はコンバージェンスに分類されます。この段階では新しいアイデアは締め切り、収集した知識の構成要素（ビルディング・ブロック）を組み立てて、新しいものをつくり出していきます。

成果に結びつける「3つの戦略」

もっとリサーチが必要だろうか、それとも、すでにやったリサーチの整理を始めたほうがいいのか？　視野を広げるべきか、焦点を絞るべきか？

新たなことを始めるべきか、すでに始めたことを終わらせるべきか？

ダイバージェンスとコンバージェンス、この2つのモードの区別をどのようにしてつければいいのでしょうか。

これら2つの段階のうち、大半の人が手こずるのがコンバージェンスです。想像力と好奇心が旺盛な人ほど関心事が多岐にわたり、**結果に求める基準が高い人ほど、ダイバージェンス・モードからコンバージェンス・モードへの切り替えが苦手**です。

選択肢を切り捨て、1つの道を選ばなければならない……ここにクリエイティブな仕事の難しさがあります。

説明のためのメールであれ、新たなプロダクトデザインであれ、リサーチの報告書であれ、資金集めの戦略であれ、なにかを仕上げようとするときは、もっと調べたくなりますね。ブラウザのタブを次々に開く、本をさらに注文する、あるいはいきなりまったく新たな方向へ進む——。

そうしたくなるのは、**生産的なことをしているように"感じる"から**です。

これはダイバージェンス・モードの活動ではありますが、そうし続けているかぎり**完成の瞬間は先延ばしにしている**、ということに他なりません。

この落とし穴を回避して、クリエイティブなプロジェクトを完成させる3つの強力な戦略があります。

戦略1 アイデアは「飛び石」でOK

新たな仕事に取りかかるときにとても便利なテクニック。

クリエイティビティやイノベーション、アイデア史に関して興味深い著作が多数ある作家スティーヴン・ジョンソンは、次のように言っています。[1]

——恐怖に震えながらまっ白なページと向き合う代わりに、手紙や一次資料、学術論文、ときには自分自身のメモからの引用でいっぱいのドキュメントファイルに目を通す。これは〝先延ばしにしよう〟とささやく誘惑に耳をふさぐのにとても有効なテクニックだ。このアプローチを発見するまで、新しい章を書き出すたびに行き詰まり、何週間も無駄にしていた。目の前には茫漠《ぼうばく》たる空っぽの海が広がっているばかりだったが、いまでは新しい章はインスピレーションに満ちた一種の〝引用の群島〟として生まれてくる。もう以前ほど怖じ気づくことはない。ただ島と島のあいだに橋を架ければいいのだから。

〝アイデアの飛び石〟をつくるには、時間がかかるかもしれませんが、論考記事、プレゼンテーション、あるいは成果物のヒントになるアイデア、ソース、ポイントをダイバージェンス・モードで幅広く集めます。

素材となる主要なアイデアが集まったら、次のステップで躊躇《ちゅうちょ》なくコンバージェンス・モードに切り替え、ストーリーの筋が通る順番で並べていきます。

備忘録について詳細な記事を書くためにわたしがつくった〝アイデアの飛び石〟の一例を挙げましょう。

「アイデアの飛び石」をつくる

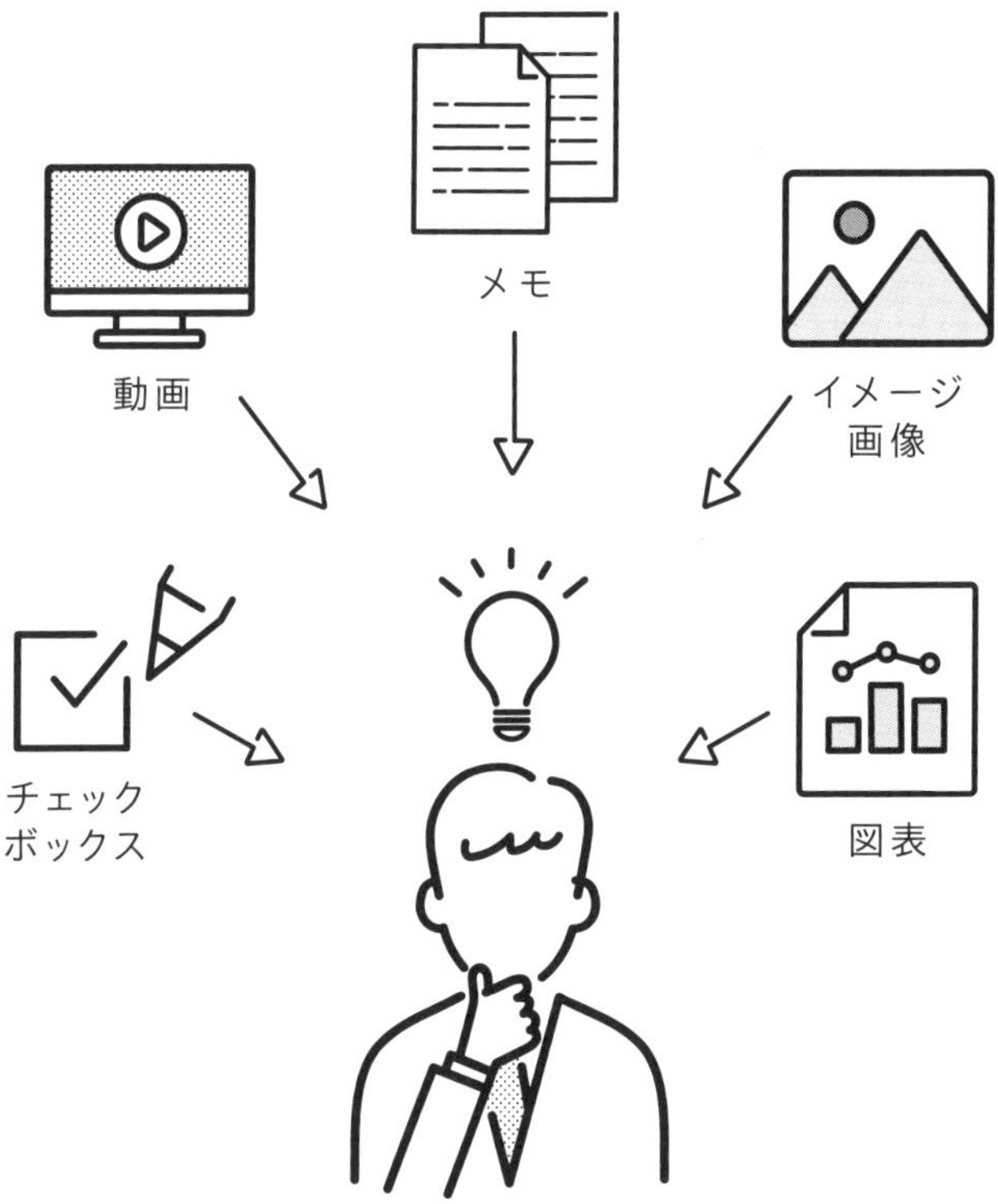

最初から順番を考えすぎないこと。
コンバージェンス・モードで並べなおせばOK！

傍線で示されているリンク（読者の皆さんのデバイスによって任意で設定してください）はリサーチのソースです。

リンク（下線部分）をクリックすると、ウェブ上の元記事ではなく、別のメモへ飛びます。[2] ここにポイント抜粋前のメモ全文を収納してあります。

必要な詳細はすべて書かれていて、クレジット用の元リンクも張ってあります。このリンク内にはメディアで拾った情報など外部のソースはもちろん、わたし自身の考えと体験にもとづくメモがあれば添えておきます。要はこのリンクの中に必要になりそうな情報を全部入れておきましょう。

〝アイデアの飛び石〟をつくっておくことで、シンプルなポイントだけに集中でき、必要になるかもしれないそのほかの全詳細はクリック1つで入手可能。

じつはこの方法は、昔ながらのメモ術をデジタル版に改善したものです。取りあげたい要点を箇条書きにし、あとはそれらをつなぎ合わせればいいだけ。デジタルデバイスを使うことには、いくつか大きなメリットがあります。

●デジタルのほうが柔軟

「アイデアの飛び石」の例

備忘録

備忘録

『ガラス箱と備忘録』から7つのハイライト

- 慣習的には、**“備忘録をつける”と呼ばれる行為は、読んだものから興味深い、あるいは心を動かす文章を書き写すことで、自分だけの“引用文の百科事典”を編纂する作業である。**
- **哲学者ジョン・ロックはオックスフォード大学に入学した1652年に初めて備忘録をつけ始めた。**
- ロックの手法の美点は**探すときに抜粋を見つけられる程度には整理しながら、同時に備忘録本体にとりとめのない無計画な脱線の余地を与えていることだ。**

備忘録を掘り起こしてライティングをスピードアップ

- **備忘録：個人的に集め、継続的に維持管理する一元型の情報収集**
- そうですね、画家のチャック・クローズを考えてみましょう。彼は巨大なイメージをグリッド線で仕切られた小さなマスに分解し、一度に1つずつ完成させることで作品をつくります。わたしは絵の具をちょっとずつ重ねていくんです。**基本的には上から下、左から右へとやっていきます。ゆっくりと絵画を構築するわけです。キルト作品やカギ針編み、棒針編みの作品のつくり方と同じです。**

箇条書きの追加、削除、並べ替え、詳細の追加、太字やハイライトの追加が可能。あとから考えが変わっても編集できる。

●詳細へとリンクを張れる

同じページにすべて詰め込まなくても、必要に応じてメモを追加したり、リンクを張れたりするので、もっとも大事なポイントに集中できる。

●インタラクティブなマルチメディアに発展させられる

テキストだけでなく、イメージ画像、ＧＩＦ、動画、添付ファイル、図表、チェックボックスなどを加えられる。

●検索が簡単

長文になっても、有効な検索機能があるので、探しているワードが瞬時に見つかる。

●どこからでもアクセスできて編集可能

紙のノートとは違い、所持しているすべてのデバイス間ですぐに同期でき、閲覧、編集、つけ足しがどこからでも可能。

〝アイデアの飛び石〟は、脳が同時進行させるのをもっとも苦手とする、アイデアの〝選択〟とその論理的な〝順序づけ〟を分離します。

これらの活動を同時に行うのが難しいのは、異なるモードを必要とするからです。**「選択」はダイバージェンスであり、あらゆる可能性を考慮に入れるオープンな状態の頭脳が求められます。「順序づけ」はコンバージェンスであり、目の前にある素材だけに集中する、より閉ざされた状態の頭脳が要求されます。**

①まずは概要に含めたいポイントやアイデアを選び、②次は論理的な流れになるよう並べ替えて順序づける。

2つの作業を完全に分けて考え、「選択に集中する」→「順序づけに集中する」という順番を守りましょう。これでかなり脳の負荷が軽減されます。

戦略❷ 「ヘミングウェイの橋」——昨日の勢いを今日活かす

アーネスト・ヘミングウェイは20世紀を代表する文豪の1人です。

多作なことで有名なヘミングウェイは独特な執筆法でも知られ、わたしはこれを

「ヘミングウェイの橋」と呼んでいます。

彼は物語の次の展開がわかっているときだけ、その日の筆を擱《お》くようにしていたのです。

アイデアとエネルギーをすべて出し尽くしてその日を終えるのではなく、次の話の分岐点が鮮明になったところで終わりにする。

そうすることで、次の日にまた取りかかるときは、話が見えているのでスタートが簡単です。

「まだ先が書ける」というギリギリのところでやめておき、翌日へと橋を築いておく。いまのエネルギーと勢いを明日の執筆の燃料にとっておく方法です。[3]

このやり方はわれわれにも応用可能。出せるものを出し尽くして仕事を終えるのをやめ、今日の最後の数分は、メモアプリに次のようなことを書くことに使いましょう。

●次のステップのアイデアを書き出す

仕事の終わりに、次のステップを考えて書いておく。

●現在の状況を書き出す

目下の最大の課題や、もっとも重要な未解決の問題、予想する今後の障害などを書いておく。

●しばらく時間をおくと忘れてしまいそうな詳細を書いておく

書いているストーリーの登場人物に関する詳細、企画中のイベントの注意事項、デザインしている製品の気になる点など。

●次回の狙いを書いておく

次回取り組むこと、解決したい問題、達成したいことを決める。

翌日であれ数カ月後であれ、自分の潜在意識がバックグラウンドで働き続けているのを、わたしはしばしば感じます。ひと晩ぐっすり眠ってプロジェクトへ戻ったときには、睡眠で思考が整理され、思いもよらない発想が出てきたりします。

この戦略をさらに一歩進めて、1日の仕事を終える前にもう1つやっておけることがあります。

草稿、ベータ版、とりあえずの提案など、未完成のものを誰かに送ってフィードバックをもらいましょう。

つくったものを友人、家族、同僚などとシェアし「まだ作成途中なんですが……」と断ってから意見を聞いてみるのも大変役に立ちます。

戦略3 スコープのスケールダウン——小さく具体的にする

コンバージェンス・モードでの3つ目のおすすめテクニックは、わたしが〝スコープのスケールダウン〟と呼ぶものです。

〝スコープ〟とはプロジェクト・マネジメント用語がソフトウェア開発部門に取り入れられたもので、ソフトウェア・プログラムに含まれるすべての機能・特徴を指します。

たとえばフィットネス・アプリを開発しているとき。

頭に描くアプリはすばらしい機能満載です。ワークアウトの経過追跡、消費カロリー計算、最寄りのジム検索、進捗《しんちょく》表、さらにはソーシャルネットワーク経由でほかの人たちとつながる機能まで搭載していま す。これは大ヒット間違いなしだぞ!

ところが野心的な目標の大半がそうであるように、いざ詳細に取りかかってみると、開発にどれだけ労力がかかるかがわかり始めます。

膨れあがる複雑な問題に対処するべく開発チームがたどり着く解決策が〝スコープのスケールダウン〟です。

ソーシャルネットワーク機能はのちのバージョンへと先送り。進捗表からはインタラクティブ機能を削除。最寄りのジム検索は完全に取りやめにします。

まっさきにスケールダウンするのは、開発がもっとも難しい、あるいはコストのかかる機能、もっとも不安定あるいはリスクの高い機能、アプリの主な目的ではない機能です。

この話がわれわれのセカンドブレインとどう関連するのでしょうか？

そもそも、プロジェクトの全容が明らかになり出すと、大半の人は先延ばしにします。

でも、遅らせれば問題が解決されるどころか、増やす結果になるのでは？　モチベーションが下がり、資料はなくなるわ、情報は古くなるわ。協業者は昇進していなくなり、テクノロジーは時代遅れになってアップグレードが必要になり、私生活で突発的な出来事が起こったり。「あとで」と先延ばしにしていると、多くの場合、必要な経験そのものが奪われてしまいます。

問題は時間が足りないことではなく、プロジェクトの〝スコープ〟は自在に調節できるのを忘れていることです。プロジェクトは対処できる大きさまで〝スケールダウン〟が可能です。

なにもかも完璧になるまで待っていてはいけません。プロジェクトの全パーツは等しく重要ではないと認識しましょう。重要性のもっとも低いパーツを削除、削減、延期することで、たとえ時間がなくとも、目の前のポイントだけに集中します。

さて、セカンドブレインはここで重要な役割を果たします。延期や削除したパーツに保存先が必要ですよね。

執筆している記事から文章やページをカットする、撮った動画からシーンを消去する、時間内に収めるためスピーチの一部を割愛する。どれもクリエイティブ・プロセスにはつきものの、ごく普通の作業です。

だからと言って、カットしたものを捨てることはありません。セカンドブレインのもっともよい利用法の1つは、編集で省いたものを集めて保存し、別の場所で使えるようにすることです。

プレゼンでカットしたスライドはSNSに投稿。報告書から削除した所見は、会議のプレゼンの土台に。ミーティングで省いた議題は次回のミーティングの出発点に。

自分が書いたものやつくり出したものは、本当の意味で失われることはない――あとで使うために保存してあるだけ。

いくつか例を挙げましょう。

・本を執筆したいなら、スコープをスケールダウンし、軸となるアイデアをまとめてブログのシリーズ記事を書く。その時間がないなら、さらにスケールダウンして、自分の伝えたいことの要点をSNSに投稿するところから始める。

・有料ワークショップを開催したいなら、地域の集まりでの無料ワークショップにスケールダウンするか、さらに規模を縮小し、同僚や友人を数人招いてグループエクササイズや読書会を開催する。

・短編映画を撮りたいなら、ユーチューブ用の動画から始める。それでも大変そうなら、短い動画をSNSで配信する。それでもハードルが高いなら、スマートフォンで撮影した未編集映像を友人に送ってみる。

・企業のためにブランド・アイデンティティをデザインしたいなら、ウェブページのサンプルから始める。手書きでいいからロゴのアイデアがあれば、さらに始めやすい。

そもそも、まわりの人々に何か具体的なものを見せなくては、フィードバックはもらえません。これはクリエイティビティにおける〝卵が先か、鶏が先か〟という問題です。とにかく何かつくらないことには人々の求めているものはわからないのです。

ホーム・プロジェクトの舞台裏

この章で紹介した3つの戦略をすべて活用した例を挙げてみましょう。

わたしの自宅ガレージをホームスタジオへ改造する計画です。

いま住んでいる家に引っ越してすぐ、もっと広いワークスペースが必要なことに気づきました。妻もわたしも在宅で働いており、小さな寝室は手狭で、息子が生まれるとなおさら不便になりました。

そこで「ガレージをホームスタジオに改造しよう！」というプロジェクトの発足です。

プロジェクトを発展させ、完了させる

プロジェクト概要：フォーテ・アカデミー・スタジオ

プロジェクト概要：フォーテ・アカデミー・スタジオ

大まかなイメージ

- **極めて多機能、モジュール式、変化するニーズに合わせられるようフレキシブル**
- **ミーティング・スペース／ホームオフィスとしても使用**
  - ストレスを溜めずに自宅で生産的に働く方法：ティアゴの**在宅勤務のヒント**トップ10
- **トイレ／リビングスペースつき住宅ユニット**
  - **簡易キッチンをつけられる？**

コスト

アイデア

- **インタラクティブなバーチャル体験（VIE）**
- **対面とデジタル世界をまたぐ**
- 大きなヒントになりそうなのは、アンソニー・ロビンズのUPWアプリの設定に関するこの動画と、サイバーイリュージョニストのマルコ・テンペストがホームスタジオから基調演説をしているこの動画
- 現代の学びについてのツイートストーム

スケジュール

- **フェーズ 1：ガレージ改造／ホームオフィス**
- **フェーズ 2：放送スタジオ**
- **フェーズ 3：レコーディングスタジオ**
- **フェーズ 4：いつかやる／たぶんやる**

ズーム会議のセットアップに必要なもの／背景

- **背景に奥行きを出すためのディープ・バックグラウンド**
- 機材

「ホームスタジオ用のプロジェクト」フォルダをつくり、最初に取りかかったのは〝アイデアの飛び石〟作成です。

主な疑問、検討事項、求められる機能、制約など——15分かけてできあがったポイントが225ページのメモです。

このメモにどのような見出しが含まれるのかは、前もってわかっていたわけではありません。でも、考えを書き出し始めると、どんどん頭に浮かんできました。

それが、大まかなイメージ、コスト、アイデア、スケジュール、美観、リモート会議用のセットアップ、機材、そして未解決の課題です。

〝ホームオフィス〟〝ホームスタジオ〟などのキーワードで自分のセカンドブレイン内を検索すると、役立ちそうなメモがいくつか見つかりました。

たとえば、スタジオを設計した経験がある友人からのアドバイスを記したメモ。メキシコシティにあるカフェの写真。ここはデザインが美しく、妻とわたしのお気に入りの場所で、いつかインテリアのお手本にしたいと思っていました。

ほかにも、〝カメラ映りのいい照明を選ぶ〟〝背景をすっきりさせる〟など、ズーム会議でホストを務める際の注意事項をまとめたメモが見つかり、これらは機材のリンクにつけ加えました。

足掛かりとなる素材はいくつか見つかりましたが、まだまだ穴だらけです。

そこで、それからの数週間は、隙間時間を見つけては、ホームスタジオへの改造に役立つ情報を探し求めました。いいな、と思うホームオフィスの写真をピンタレスト（画像共有のSNS）で見つけたら保存。

ミュージシャンの友人から防音装置について教えてもらったときの会話をメモ。隣人がすすめてくれた地元の業者をリスト化。

さらにはユーチューバーが自分のスタジオを案内する動画を何十本も観て、何もなかった空間を、彼らがいかにして機能的なワークスペースへと変えたのかを、事細かにメモしました。

いざガレージの改造計画に取りかかってみると、時間の余裕はほとんどありません。少しでもできるときに、最後に保存したメモにハイライトを入れて抽出し、未来の自分にあてて、どこから始めればいいかを短くメモに残しました（ヘミングウェイの橋）。

ところが最終的にこれらのアイデアを眺めてみると、とんでもない巨大プロジェクトができあがってしまうことに。壁は取り払って天井には自然光が入るよう天窓をつけ、床下には超高速インターネット用ケーブルを配線し、欲しい機能をすべて盛り込むためにスペースを広げて裏庭までスペースを拡張する……。

これは発散（ダイバージェンス）のやりすぎで、アイデアをそぎ落とす（コンバージェンス）必要がありますね。

ここで〝スコープのスケールダウン〟が必須です。

実行が難しいものを選び出し、先送りします。断念したアイデアは、あとから見られるよう「いつかやる／たぶんやる」というセクションへ移動しました。

妻と相談し、予算と完成期限を決めるなど、いくつか制約も設けました。そこまで行くと、業者を決めて最終的なフロアプランを作成するステップが明確になってきます。

時間を切って集中的に集める

さて、実際にこのアプローチをプロジェクトの実行に取り入れてみましょう。

まずは、進めたいプロジェクトを1つ選びます。

5章でつくってみた、現在取り組んでいることのフォルダでもいいでしょう。

プロジェクトは不確かなほど、新しいほど、あるいは挑戦的なほどぴったりです。

目指すべき目標、狙い、疑問点、検討事項のポイントを作成するときに、次のような問いが役に立つでしょう。

・ヒントを得られる本や記事はないか？
・参照できそうなウェブサイトはないか？
・家事をしながら、あるいは通勤中に聴くことのできる、専門家によるポッドキャストはないか？
・過去にやったほかのフォルダの中に、関連性のあるＩＰは埋もれていないか？

ここでの目標は利用できそうな素材をすべて1カ所に集めることです。

15〜20分ほど時間を決めてタイマーをセットし、〝目の前に集めたメモだけを使って〟一気にたたき台を完成させられるか試してみましょう。オンラインで検索したり、ソーシャルメディアを眺めたり、いずれきちんと見るからと言い訳しながらブラウザのタブを次々と開いたりするのはＮＧ。いまあるものでだけ取り組んでください。

たたき台は自分のアイデアが形になっていれば、計画案でも、予定表でも、提案書でも、図表でも、そのほかのフォーマットでもかまいません。

ここでは「ほかの人たちからフィードバックをもらって役立てるために、いま生み出すことのできる最小限のものは何か？」と自分に問うてください。

次に、ここまでにできあがったものを誰かに送ってフィードバックをもらい、同じプロジェクト・フォルダに新規文書として保存します。

このプロセスの全ステップを通して学んだこと、発見したことは必ずなんでもメモとして保存してください。

メモを活用してたたき台ができあがると、脳も準備が整い、ヒントがいたるところにあるとわかるようになります。ヒントが目に飛び込んできたら、それもメモとして保存しましょう！

たたき台ができあがり、フィードバックをもらい、素材となる新たなメモが集まったら、備えはほぼ完璧と言っていいでしょう。

1　ダイバージェンス・コンバージェンス・モデルのことをわたしが最初に学んだのは〝デザイン・シンキング〟からだ。これはスタンフォード・デザイン・スクールから登場したクリエイティブな問題解決法で、1980年代、1990年代に革新的なコンサルタント会社IDEOによって広められた。

2 ノートアプリがコンピュータと同期しているなら、メモはすべてハードドライブに入っているので、オフラインでも仕事を進めることができる。

3 これは「目的を持って終える」とも言える。作家スティーブン・コヴィーの古典的なアドバイス、「目的を持って始める」のひねりの利いた言い換えだ。

09

デジタル・デトックスに不可欠な習慣

あらゆるシステム同様、セカンドブレインには定期的なメンテナンスが必要です。あなただけのバーチャル・ワークスペースに、最高の働きをしてもらえるように……。

「整理整頓ができる」のは、個人が持って生まれた能力ではありませんし、いいアプリやツールを見つければ終わり、という話ではないことは十分おわかりいただけていると思います。

整理整頓は「習慣」です。情報を見つけ、上手にあつかい、活用するという一連の行動のくり返しです。

思うぞんぶん力を発揮するために、皆さんに取り入れてほしい習慣があります。

サステナブルな生産性

レストランの厨房で働く料理人のことを考えてみてください。彼らは質と量の両面で、恐ろしく高い生産性を求められます。

どの皿のどの料理もほぼ完璧でなくてはならず、忙しい夜には数百皿分を調理することもあるのです。量産を迫られつつも品質を保たなければならない緊張感——。

しかし、料理人には、この離れ業をやってのける手順があります。それは「下ごしらえ（ミゾンプラス）」と呼ばれ、世界中の厨房で用いられている指針です。

1800年代末にフランスで発展したミゾンプラスは、高品質の料理を効率的につくり出すステップ・バイ・ステップのプロセスだといえるでしょう。

厨房では片づけのためだけにすべての作業をストップさせることはできないため

に、料理人たちは厨房の整理整頓を〝調理の流れにのって〟習慣化することを身につけます。

調理用スプーンは使用後に必ず同じ場所へ戻す。

包丁は使ったあとすぐにきれいにして、次にさっと使えるようにする。

材料は使う順番に並べておけば、調理手順のメモ代わりになる。

厨房でのこういう小さな習慣のことを「ミゾンプラス」と呼ぶのです。

料理人はミゾンプラス――ひとつながりの実践に表れた料理の哲学と精神――を〝外づけの脳〟として使っています。(1)


われわれもここから大いに学びましょう。

セカンドブレインを構築するときは、次の3つの習慣によって、意識的に「何に集中すべきか、何を無視すべきか」をはっきりさせておきましょう。

習慣その1　プロジェクト・チェックリスト

過去の仕事を再活用して、一貫した方法でプロジェクトをスタートして完了させることを目指す。

習慣その2　週ごと／月ごとの振り返り
何か変えたいものはないかを決めるために、仕事と生活を定期的に振り返る。

習慣その3　気づきの習慣化
編集する、ハイライトを入れる、メモを移動するなど、未来の自分がもっと発見しやすくなる小さなチャンスに気づく。

詳しく説明していきましょう。

習慣その❶　プロジェクト・チェックリスト

われわれが行っている知識労働とは、基本的に「情報を取得してそれを結果に変える」行為です。

しかしながら多くの人には、経験から生まれた知識を〝リサイクル〟し、未来でも使えるようにする、フィードバック・ループが欠けています。

フィードバック・ループというのは、お金に対する投資家の考え方です。

知的労働の流れ

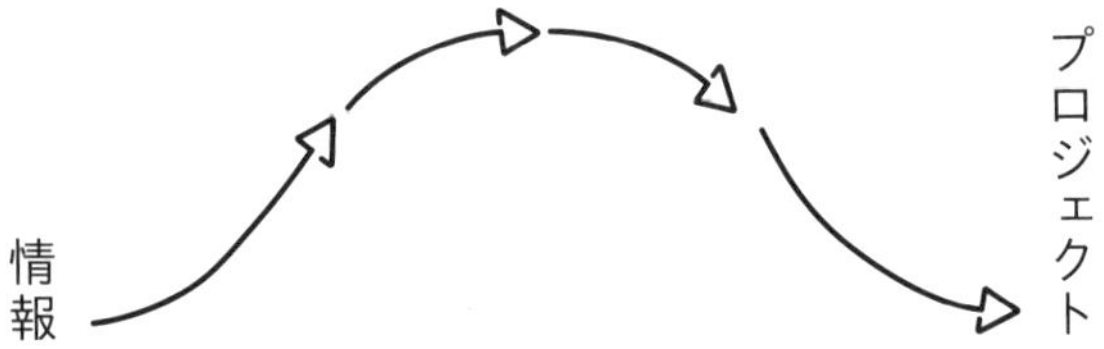

彼らは一度の投資から利益を得ようとはせず、利益をただちに使い果たすこともありません。再投資し、フライホイール効果（訳注：重たいフライホイールを回すように、段階的に試行錯誤を積み重ね、やがて大きな成果を継続して得られるようになること）で弾みをつけて利益が徐々に増えるようにします。

それと同じように、自分の注意力をこのように回してください——投資によって利益を生み出し、次にほかの事業へ再投資できる資産として。

こうして知識はどんどん大きくなって複利を生み出します。知識が増え、アイデア同士が結びついてそれぞれの上に築かれていくうちに、物事に対する鋭い観察眼も倍増します。

知的労働の「フィードバック・ループ」

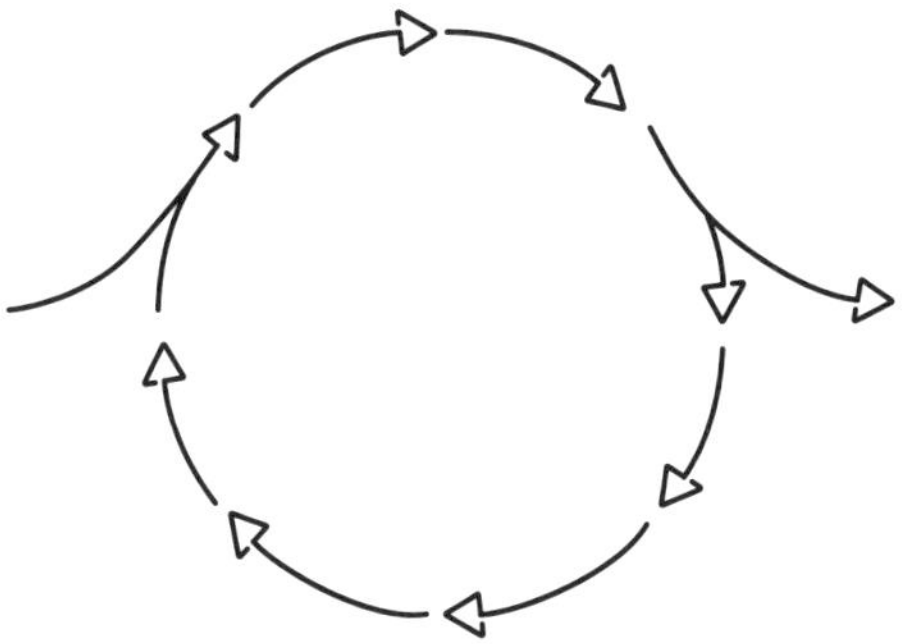

図をよく見ると、知識のリサイクルにはポイントが2つあるのがわかります。矢印が分岐する、プロジェクトがスタートするときと完了するときです。

●チェックリスト1　プロジェクト・キックオフ

パイロットは飛行機が離陸する前に、必要な確認や作業がすべて記された〝飛行前チェックリスト〟にひととおり目を通します。

そもそもミスを防ぐという点で自分の脳は当てにならないですし、必要なステップをすべて確実にやり終えるためにチェックリストは必須です。

知識をチェックする「2つのポイント」

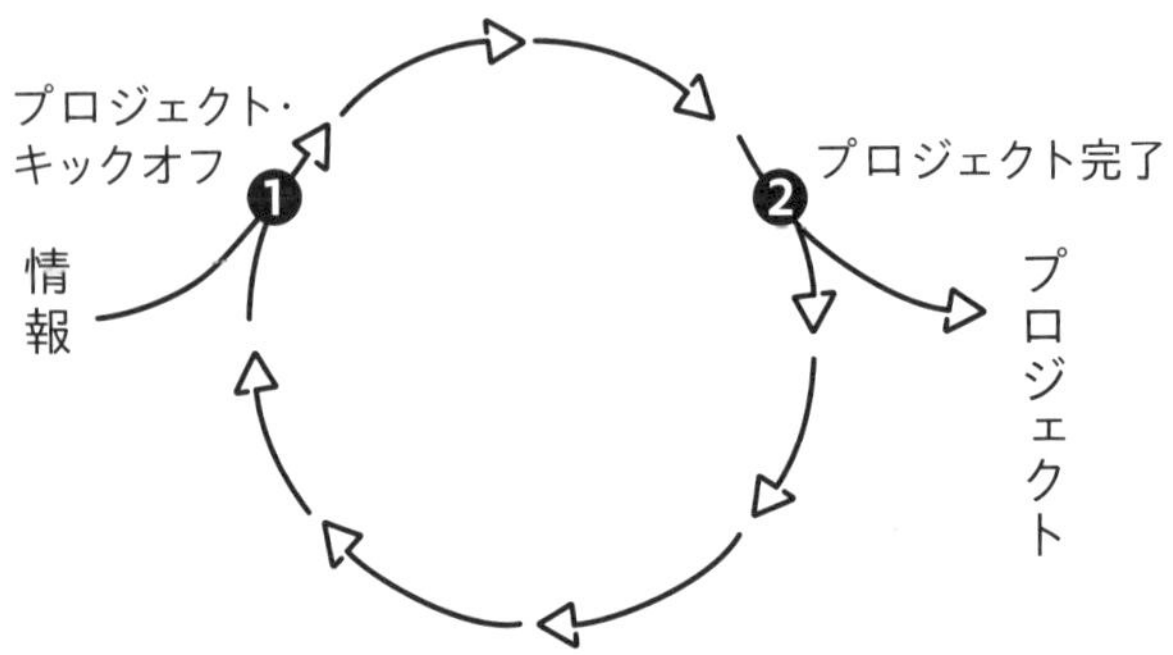

一方で、大半の人がプロジェクトを始めるやり方は、〝行き当たりばったり〟なのです。

既存のメモやファイルにざっと目を通して関連性のありそうな情報を探したり、探さなかったり。過去の経験から学べることについて同僚と話したり、話さなかったり。仕事の企画案をつくったり、つくらなかったり。プロジェクトのスタートをうまく切れるかどうかは、なりゆきまかせだということが意外と多いでしょう。

現代の仕事がますますプロジェクト型へ移行していることは5章で触れました。

すべての目標、コラボレーション、課

題はある種のプロジェクトと定義することができますが、だとするならば、スタートの仕方はしくみ化しておく価値があるのではないでしょうか。

ここでプロジェクト・キックオフ・チェックリストの登場となります。

わたし自身のチェックリストをご紹介しましょう。

□1　プロジェクトに関するいまの自分の考えを収集する
□2　関連するメモ（もしくはタグ）のありそうなフォルダを見直す
□3　すべてのフォルダを関連ワードで検索する
□4　関連するメモをプロジェクト・フォルダへ移動、もしくはタグづけする
□5　集めたメモの概要を作成し、プロジェクトの計画を立てる

1　プロジェクトに関するいまの自分の考えを収集する

頭の中でプロジェクトが形になり始め、アイデアが浮かんできたら、新しいメモのファイルを用意して頭に浮かぶものをすべて書き出してみましょう。

この最初のメモは、プロジェクトに関連するものをすべて収納しておく専用のフォルダをつくって入れておきます。

乱雑でかまいません。可能なアプローチ、ほかのアイデアやテーマへのリンク、話をしたい人などを、思いつくままになんでも書き出します。

この最初のアイデア出しのため、自分にこんな質問をしてみましょう。

・このプロジェクトについてすでに知っていることは?
・知らないことで調べる必要のあることは?
・自分の目標や狙いは?
・相談したらヒントをくれそうな人は?
・関連性のあるアイデアを得るために読めるものや聴けるものは?

答えは箇条書きでOK。情報がコンパクトになり、移動も簡単だからです。

2　関連するメモ(もしくはタグ)のありそうなフォルダを見直す

次に、新たなプロジェクトに関連のある情報がありそうな既存のフォルダを調べ、関連するテンプレート、概要、以前のプロジェクトで省いたものなどを探します。

ここでは「PARA」のフォルダとプログレッシブ・サマライゼーションのメモが活躍します。

これまでのさまざまなフォルダのなかに、内容をすぐに思い出せるようハイライトを入れてまとめたメモが整理されていると思いますが、これから始めることにもっとも関連がありそうなフォルダを、プロジェクト、エリア、リソース、アーカイブを含めたなかからいくつか選んだら、興味を引いたメモにすばやく目を通すだけ。ここでは長く時間をかけないよう気をつけます。

3　すべてのフォルダを関連ワードで検索する

見落としたメモがないか検索をかけて調べます。走査検索（ブラウジング）だけではわからない意外な場所に、貴重なアイデアが埋もれていることがあるからです。

セカンドブレイン内はどれも余計なものがいっさい含まれていない、質の高いメモの集まりです。

新規プロジェクトに関連するワードを検索して結果に目を通し、関連しそうなメモがあればすぐジャンプします。プログレッシブ・サマライゼーションはここでも役立ち、情報量はいかようにも調節できます。

4　関連するメモをプロジェクト・フォルダへ移動、もしくはタグづけする

さあ、新規プロジェクト名をタイトルにつけたプロジェクト・フォルダ（1で作成しました）へ、前の2つのステップで見つけたメモをすべて移動します。

ノートアプリの機能しだいでは、プロジェクトに関連のあるメモにタグづけしたり、リンクを張ったりすることもできます。大切なのはメモがどこにあるかではなく、目の前のプロジェクトに集中したまま、すばやく参照できるかです。

5　集めたメモの概要を作成し、プロジェクトの計画を立てる

いよいよ集めた素材をまとめてプロジェクトの概要（アイデアの飛び石）を作成します。

プロジェクトの性質によって異なりますが、記事やレポートなどの文書なら、決定稿に入れたい要点や見出しなど、仕事の共同プロジェクトなら、プロジェクトの目標や各人の大まかな役割など。旅行の計画なら、持ち物リストや旅程ですね。

ただ、このチェックリストを作成するときに忘れてはならないのは、いまはプロジェクトの取り組み方を計画しているのであって、「プロジェクトじたいに取り組んでいるのではない」ことです。

この5つのチェックリストはたたき台としてとらえ、20〜30分以上はかけないでください。

09 デジタル・デトックスに不可欠な習慣

　ここではセカンドブレイン内にどんなものがあるかを把握するだけと考え、おおよその所要時間、アクセスする必要のある知識やリソース、今後の課題をより明確にしていきます。

　最初はこの本のキックオフ・チェックリストを使い、何回か試してから自分に合うようカスタマイズするといいでしょう。それぞれの職種や関心事によって、形式も変われば、必要な時間も、関わる人数も変わるはず。

　自分のバージョンに取り入れることのできる、そのほかのアクションを挙げておきます。

●プレモーテム[1]・クエスチョンに答える

　何を学びたいのか？　最大の不安の原因、もしくは答えの欲しいもっとも重要な疑問は何か？　もっとも失敗しそうな点は何か？

●関わった人たちに報告する

　上司、同僚、クライアント、株主、業者などに、プロジェクトの概要とその意義を説明する。

●目標設定する

プロジェクト成功の判断条件は何か？　到達すべき最小限の結果、あるいは背伸びをすれば達成できそうな〝ストレッチ目標〟は何か？

●公式にキックオフする

キックオフ・ミーティングをスケジュールに入れる、予算とスケジュールを組む、目標を書き出して全員に知らせ、各自に何が求められているかを明確にする。たとえプロジェクトのメンバーは自分ひとりでも、キックオフを公式化するとやる気がアップする。

●チェックリスト2　プロジェクト完了

次はキックオフの反対、プロジェクト完了リストを見ていきましょう。

現代の労働をキツいものにしているのは、どの仕事にも終わりがないように見えることです。

電話や会議が延々と続き、勝利を祝うことや、新鮮な気持ちで新たなスタートを切ることは滅多にない。これこそプロジェクトのサイズをコンパクトにする最大の理由の1つです。「完成した」満足感をなるべく頻繁《ひんぱん》に味わえるようにしましょう。

とはいえ、プロジェクトの完了をただ祝うだけではもったいない。経験から学んだことや、未来に役立ちそうな思考はすべて記録しておきましょう。

ここで活用できるのがプロジェクト完了リスト。

一連の流れで、アーカイブへ移す前に再利用可能な知識資産はないかを判断します。先ほど見たキックオフ・チェックリストを機能させるには、その前に過去のプロジェクトから素材をすくい出して保存する手間をかけておかなくてはなりません。

次のチェックリストをご覧ください。

□1　タスク管理かプロジェクト・マネジメント・アプリにプロジェクト完了の印を入れる

□2　プロジェクト目標に上から線を引き、〝完了〟セクションへ移動する

□3　インターミディエイト・パケット（IP）を見直し、別のフォルダへ移動する

□4　すべてのプラットフォームでプロジェクトをアーカイブへ移動する

□5　もしもプロジェクトが活動停止したら、アーカイブする前に、プロジェクト・フォルダに「現況」のメモを添える

1　タスク管理かプロジェクト・マネジメント・アプリにプロジェクト完了の印を入れる

プロジェクトが終わったときの確認作業の1つ目です。

最終承認を得る、書類を提出する、プロジェクトの成果を発表するなど、完了までまだいくつかやることが残っている場合でも、メドが見えてきたらまずは最初にタスク管理アプリを確認しておくとよいでしょう。

タスク管理アプリは作業の進捗《しんちょく》を把握するためのアプリで、デジタル版の「ToDoリスト」と考えてください[2]。

すべてのタスクに完了の印を入れたら、次のステップへ移りましょう。

2　プロジェクト目標に上から線を引き、〝完了〟セクションへ移動する

わたしはプロジェクトごとに目標を設定し、すべてを1つのデジタルメモにまとめて、来年の短期目標から数年先の長期目標まで順に並べています。

少し時間を取って、最初に設定した目標を達成できたか振り返るのが効果的。

成功へ導いた要因は何だったのか？　成功をくり返せないか？　あるいは成果を倍にする方法はないか？

うまくいかなかったのは、何が起きたからか？　次回、同じミスを避けるために何を学べるか、何を変えられるか？

達成した目標には上から線を引き、「完了」と名づけた別のセクションへ移動します。モチベーションを上げたいときはこのリストを見て、自分が達成してきたことの数々を思い返します。

3　インターミディエイト・パケット（IP）を見直し、別のフォルダへ移動する

3番目に、フォルダに目を通して完了したプロジェクトを調べ、将来的に別の用途に使えるIPを探します。

たとえば、今後ウェブサイトをつくるときにテンプレートに使えるデザインや、1対1の業績評価の表、あるいは経験者採用の面接用の質問リストなどがあるでしょう。

わたしたちの仕事は多少の変化はあれど、くり返しが多いものです。前回も経験したところから始めることができれば、毎回ゼロからスタートするのに比べて負担が大きく軽減できます。

関連性がありそうなIPはすべて、いま取りかかっているプロジェクト・フォルダへ移動。エリアやリソースに関連のあるメモも同様にします。ここは大ざっぱでかまいません。

4　すべてのプラットフォームでプロジェクトをアーカイブへ移動する

プロジェクト・フォルダをノートアプリのアーカイブへ移動させ、プロジェクトで使用したほかのプラットフォームでもすべて同様にします。わたしの場合なら、ここにはたいていコンピュータのドキュメントフォルダとクラウドストレージドライブが含まれます。

5　もしもプロジェクトが活動停止したら、アーカイブする前に、プロジェクト・フォルダに「現況」のメモを添える

もしプロジェクトが完了することなく、取りやめになった、延期された、または保留になった場合は、見えないところへアーカイブしますが、特殊事例として最後にもう1つやっておきたいことがあります。

プロジェクト・フォルダに「現況」という名前で新たなメモを加え、将来再開できるようコメントを残します。たとえば、最後にやったこと、延期あるいは取りやめに

なった理由、携わっていた人たちの情報、彼らの担っていた役割、得られた教訓や成功事例などをいくつか箇条書きにします。

こうして「ヘミングウェイの橋」（8章参照）をつくっておけば、もしいつか再開させる機会があれば、スムーズに始められます。

プロジェクトが行き詰まったときは、数分時間を取って現状をメモに残しておけば、数カ月、数年後でさえ、最小限の労力で再開できることが多々あります。

プロジェクトが終わったときに

プロジェクト完了リストに含めることのできる項目を挙げておきましょう。自分自身のニーズに合わせてアレンジしてください。

●ポジティブなフィードバックをする

学んだ点は？　うまくいった点は？　もっとうまくできた点は？　次回改善できる点は？

●関わった人たちに報告する

上司、同僚、クライアント、顧客、株主、業者などに、プロジェクトの完了と結果を報告します。

●目標設定を評価する

プロジェクトの目的は達成されたか？　なぜ達成されたのか、なぜされなかったのか？　投資に対するリターンは？

●幕を引いてお祝いする

最後にメール、請求書、領収書、フィードバック・フォーム、ドキュメントなどがあればすべて送信し、チームのメンバーやともに仕事をした人たちと成果を祝って、自分が注ぎ込んだ努力に対する満足感を味わいましょう。

プロジェクト完了リストに沿った見直しは、10〜15分以上はかけないでください。これらの素材がいずれふたたび役に立つかどうかはっきりしていません。そのために使う時間や注意力は最小限にとどめましょう。

リストを使う目的は、プロジェクトに明確な始まりと終わりを設け、終わりの見えないまま「やらなくては」という気持ちだけをだらだら引きずらないようにするためです。

習慣その❷

週ごと／月ごとの振り返り

では、週次レビュー・月次レビューについて見ていきましょう。

「週次レビュー」は整理術のコーチ、デビッド・アレンがベストセラー『はじめてのGTD ストレスフリーの整理術』[3]で提唱した習慣です。

彼は週次レビューを、仕事と生活を見直して意識的にリセットするための、週に一度の定期チェックであると言い、新たなTo Doリストを書き出し、現在のプロジェクトを見直して、翌週の優先事項を決めるようすすめています。

これにもう1つステップをつけ加えましょう。今週つくったメモを見直し、内容がひと目でわかる簡潔なタイトルをつけ、しかるべきPARAのフォルダへ仕分ける。

ノートアプリの多くにはなんらかの〝未処理箱〟をつくることができますし、見直しの準備ができるまで新規メモはそこに入れておけます。この〝バッチ処理〟（訳注：あとで一括処理すること）は1つのメモにつき数秒しかかからず、数分もあれば終わります。

●週次レビュー――手いっぱいにならないようリセット

わたしの週次レビューを紹介しましょう。

普通は3〜7日ごとにチェックし、手いっぱいになる前に定期的に〝未処理箱〟を空にしてスペースの片づけを習慣化するのが目的です。

この5つのチェックリストはすぐに参照できるよう、デジタル付箋でコンピュータに張ってあります。

1　メールの受信箱を空にする

まずは受信箱に残っている今週分のメールの片づけから始めます。平日はほかの優先事項を片づけているので時間がありませんが、翌週まで放置していると、どれに対応すべきなのか、放置しておいて大丈夫なのか、どんどん混乱してきます。

ここで判明した今週やるべき作業はタスク管理アプリに追加し、収集（キャプチャー）したメモはノートアプリに保存します。

2　カレンダーをチェックする

次はカレンダーのチェックです。このときに週の状況をざっと把握し、ミーティングや約束があれば時間を空けます。だいたい過去2週間分の予定を振り返ってフォローアップが必要なものがないかを調べ、これから2週間分の予定もチェックして何か準備することはないかを確認します。

ここでも、必要な作業はタスク管理アプリに保存し、メモはノートアプリに収集（キャプチャー）します。

3　コンピュータのデスクトップをきれいに片づける

次に、コンピュータのデスクトップに溜まっているファイルを片づけます。これも何週間も放置していると散らかって、思考まで乱れてきます。

プロジェクト、エリア、リソースに関連性のありそうなファイルはコンピュータのファイルシステム内にある適切なＰＡＲＡのフォルダへ移動します。

4　メモの〝未処理箱〟を空にする

ここまででノートアプリの〝未処理箱〟は、前の3つのステップで――メール、カレンダー、デスクトップから集めた情報がパンパンに詰め込まれていますね。

その週に集めた新しいメモもあり、こちらはたいてい1週間当たり平均5～15にのぼります。

新規メモはここで一気に処理します。それぞれのメモを関連がありそうなＰＡＲＡ

のフォルダにすばやく移動、必要に応じて新しいフォルダを作成します。

どのメモにも〝正しい〟保存先などありませんし、直感でいいのです。必要なときにあとから検索すればいいことで、いまはパッと思いついた場所に保存していきます。

ノートアプリの〝未処理箱〟をざっと確認し、各メモにわかりやすいタイトルをつけ、適切なPARAのフォルダへ移動するだけのシンプルな作業です。ハイライトをつけたり、要約したりは必要なし。内容を理解・吸収しなくてOK。メモと関連のありそうなテーマも熟考しないでください。それらはすべて未来のために取っておきましょう。

週ごとのメモの仕分けは、その週に集めた知識の簡単な振り返りで、新たなアイデアと情報が、セカンドブレインへしっかり収納されたことを確認する作業です。

5　次週やるべきことを選ぶ

最後に、タスク管理アプリの〝未処理箱〟を片づけます。ここもこの時点までには、メール、カレンダー、デスクトップ、メモから集めた〝やるべきこと〟でいっぱいなので、数分取ってそれらを適切なプロジェクトとエリアに仕分けます。

週次レビューの最後のステップは、翌週のやるべきこと選びです。デジタルの整理がついて、今週の内容がなんとなく頭に入ると、翌週の作業の決定もスムーズになると思います。

●月次レビュー——思考をクリアに管理するための振り返り

月次レビューは、日々の忙しさの中ではなかなか考える余裕のない、大きな目標、優先事項、より根本的な課題を考える機会です。

わたしの月次レビューサンプルとして挙げておきます。

1 目標の見直しとアップデート

まずは四半期および年間目標の見直しから始めます。

「どんな成功・成果があったか？」

「何が予想外だったか、そこから何を学んだか？」

少し時間を取って、達成した目標があれば削除し、新たに出てきた目標を追加、目標の範囲がもはや合理的でなくなっていたら変更します。

2 プロジェクトリストの見直しとアップデート

次に、自分のプロジェクトリストの見直しとアップデートを行います。プロジェクトの完了、あるいは取りやめになったプロジェクトのアーカイブへの移動、新たなプロジェクトの追加、現在のプロジェクトに変更があればそれもアップデートしてください。これらの変更に合わせてノートアプリのフォルダもアップデートします。

3　自分に責任があるエリアの見直し

次に、自分に責任があるエリアを見ていきます。

たとえばわたしは、健康、経済、人間関係、家族などのエリアについて考え、変えたいところや、計画を行動に移したいことがないかを確認するようにしています。

ここで新たな作業（これはタスク管理アプリ行き）や新たなメモ（こちらはノートアプリ行き）が生まれることが少なからずあります。

4　いつかやる／たぶんやる作業の見直し

〝いつかやる／たぶんやる〟は、近い将来ではないけれど、いつかやりたいこと専用のカテゴリーです。「中国語を学ぶ」「庭にフルーツを植える」などなど。

ある程度時間がたって実行可能になっていることがないか、毎月〝いつかやる／たぶんやる〟に目を通すようにしています。

たとえば、妻とわたしがマンション暮らしをしていたあいだは犬を飼うのは遠い夢でしたが、一戸建てを手に入れたことで実現可能になりました。飼いたい犬種についてはすでにいくつかメモを保存してあったので、この月の月次レビューでメモを浮上させることができました。

5 やるべきことの優先順位のつけ直し

1から**4**のステップをすべて終え、自分の目標とプロジェクトの全体像をつかんだら、次はやるべきことの優先順位をつけ直します。ひと月前には最優先事項だったものが今月はどうでもよくなっていることも、また、その逆もありえます。

習慣その❸ 気づきの習慣化

3つ目の習慣は、セカンドブレインを実社会で行動に移すときに重宝します。ふつうの人なら見落としがちなものを収集（キャプチャー）し、メモをより実行可能に、あるいは発見しやすくする小さな機会に気づくことです。例を挙げましょう。

・頭に浮かんだアイデアを「ささいなこと」としりぞけず、その価値の可能性に気づいてキャプチャーする

・読んでいる文章が心に響いているのに気づき、数秒でハイライトを入れる
・メモのタイトルを、未来の自分が見つけやすいように変更する
・別のプロジェクトやエリアへメモを移すか、リンクを張るほうがもっと便利なことに気づく
・ゼロから始めないでいいよう、2つかそれ以上のインターミディエイト・パケット（ＩＰ）を合体させ、より大きな作品にできる可能性に気づく
・別々のメモにある類似した内容を1つにまとめられる可能性に気づく
・自分が持っているＩＰがほかの人の問題解決に役立つことに気づいて、完璧な内容でなくとも共有する

メモのいいところは、Ｔｏ Ｄｏリストと違って緊急性がないことです。

わたしが教えている生徒さんたちによく見られる勘違いは、「整理は大仕事」ということ。情報を片づけるには、カレンダーの予定を2、3日空けなくてはいけないと思い込んでいるのです。

自分の世界をガラリと再編成することは、人間には適しません。むしろ**日常生活の流れの中で少しずつ、プロジェクトを進めながら隙間時間に実行**します。

その具体例を挙げてみましょう。

・「次の長期休暇はメキシコ旅行」と決めたら、役に立ちそうなスペイン語フレーズのメモを〝語学〟のリソース・フォルダから、〝メキシコ〟のプロジェクト・フォルダへ移動する。
・エンジニアリングディレクターを新しく雇うことになったので、前回つくった〝エンジニアリング採用〟のフォルダをアーカイブからプロジェクトへ移し、人材探しの指針にする。
・ワークショップの進行役を務めることになり、過去の進行表を〝ワークショップ〟と名づけたエリア・フォルダから、新たなプロジェクト・フォルダへ移動する。
・コンピュータを買い換えるにあたって、〝コンピュータ・リサーチ〟のリソース・フォルダに保存していた記事を〝新しいコンピュータの購入〟と名づけた新規プロジェクト・フォルダへ移動する。

どの作業も所要時間はわずか数秒で、自身の優先事項や目標の変更に応じて行います。**いま時間が空いているからといって、どんどんやりすぎない**ようにしましょう。

使わなければ意味がない

くり返しになりますが、この章で紹介した3つの習慣――プロジェクト・チェックリスト、週ごと／月ごとの振り返り、気づきの習慣化――を、修行のように1人きりで何時間もかけてやる大仕事にはしないこと。

セカンドブレインのメンテナンスは気楽に考えてください。**数日、数週間、なんなら数カ月ほったらかしにしていても、なんら問題はありません。**

・アイデアをすべて収集する必要はない。最高のアイデアはまた必ず戻ってくる。

・〝未処理箱〟は頻繁に空にしなくてもいい。メモを1つ見落としたくらい問題なし。

・メモの見直しや要約はスケジュールを厳格に守らなくていい。わたしたちはメモの内容を暗記したり、常時意識下に置こうとしたりしているのではない。

・PARA内にメモやファイルを整理するときは、どこへしまうかは難しく考えなくていい。検索という強力な味方がいる。

実際のところ、完璧でなくては機能しないようなシステムは欠陥品です。たとえ不完全でも、実生活で長く難なく続けられるしくみを目指してください。

---

1 プレモーテム(premortem)は、プロジェクトがどこからうまくいかなくなったかを分析する事後検証(ポストモーテム、postmortem)と似ているが、プロジェクトが始まる前に行われ、とても有用だ。うまくいかなくなりそうな点を尋ねることで、それが起きる前に回避できる。

2 本書では具体的なアプリ名は記さないが、著者おすすめのタスク管理アプリをBuildingasecondbrain.com/resources/で紹介している。

3 『はじめてのGTD ストレスフリーの整理術』(デビッド・アレン著、田口元監訳、二見書房、2015年)はパーソナル・ナレッジ・マネジメント(PKM)のすばらしい参考書で、本書ではメモを使って〝すべてを頭の外に追い出す〟やり方を、To Doリストなど〝行動を起こすべき〟情報へ適用している。

10

「本当に大切なこと」を見つける
——自己表現への道

歴史上ほとんどすべての時代において、人々は情報をいかにして入手するかに苦心してきました。

価値のある情報にアクセスできる者は限られていましたが、たいていの人にとってそれは問題ではありませんでした。市井の生活に情報はたいして必要なかったからです。食べていくのに必要なのはアイデアではなく、主に肉体労働でした。

ところがこの数十年ですべては一変しました。気づいたときには、データの膨大な流れに誰もが接続していて、生活のあらゆるシーンにスマートな機械が組み込まれ、情報は絶え間なくアップデートされています。

それだけでなく、労働の性質そのものが変わりました。価値は人の筋肉が生み出すものから、脳が生み出すものへと変化。いまや、人の知性はもっとも重要な資産ですし、ビジネスツールは抽象的で形のないもの――アイデア・洞察力・ファクト・フレームワーク・メンタルモデルといったことへと変化しました。

「もっと多く情報を手に入れなくては」と苦労することはもうありません。**苦労するのは、情報の流れを止めることのほう**です。

完璧なアプリを求めて

皆さんの求めるものがなんであれ、生産性、クリエイティビティ、パフォーマンスといったことの課題の根底には、自分自身と情報との基本的な関係性があります。

その人の成長期に性格、学習スタイル、人間関係、遺伝子の影響を受け、新たなアイデアに直面したときにある特定の反応をするよう学び始めます。入ってくる情報に対して反射的に、期待、恐れ、興奮、自己不信、または複雑に入り交じった感情などが生まれます。

情報に対する姿勢は、暮らしのあらゆる側面に影響を与えており、その人独自のレンズを通して学校で勉強し、これが土台となってどんな職業、どんなキャリアを追い求めるかが決まります。

人間のマインドセットが、個人のアイデンティティ、評判、人生のクオリティを決定するうえで中心的な役割を持つようになり、目標を達成するには、もっと情報を得なければならないと、わたしたちはしょっちゅう助言されます。

しかし、「そんなのは嘘っぱちだ」とわたしが言ったら、あなたはどう思いますか？

自分では不十分ではないか

知性が目標達成に役立たないと言っているのではありません。

ただ、自分が求めるもの、必要とするものをすべて与えるよう脳に要求したら、脳の負担になる一方だということなのです。

達成、克服、問題解決のために脳を酷使する時間が長くなればなるほど、想像、創造、そして自分の生活を純粋に楽しむための時間が減っていきます。脳は問題を解決することができますが、そのためだけにあるのではありません。

自分の身に起きることをつねにコントロールするのは無理ですが、どんなレンズを通して世の中を見るかは選ぶことができます。人生のために「どれを選び、どれを手放すか」は自分しだいなのです。

これは人生における、超基本的な考え方です。

セカンドブレインをつくるうちに、脳は必ず変わります。すべてのアイデアがセカンドブレインに保存されているとわかっていれば、より落ち着いていられます。中断している思考に、またいつでもアクセスできるとわかっているので、「いま、この瞬間」への集中力が高まります。

実際、生活の予定をすべて覚える責任を1人で負わなくていいのは、とても心強いことでしょう。

選択肢のストックはふんだんにあるので、考え方はより柔軟になり、もっと型破りで、もっと挑戦的で、もっと未完成なアイデアでも、進んで検討できるようになります。

より多くの人から、さまざまな意見を集めたくなりますし、一方で、必ずしもどれか1つにこだわらなくてもいいか、という余裕も生まれます。

乏しさから豊かさへの変化

現代社会においても、情報とは乏しいもので、なるべく多くを手に入れ、消費し、溜め込まなくてはならない、という思い込みで行動する人は多いようです。

これは**「欠乏のマインドセット」**です。

なんでももらえるものは多ければ多いほどよい、というレンズを通して情報を見ていると、**足りないことへの恐怖から、もっと、もっと、もっとと、四六時中情報を渇望する**ことになります[1]。

「欠乏のマインドセット」の反対が**「豊かさのマインドセット」**です。これは、**世界はもうすでにアイデア、洞察、ツール、コラボレーション、チャンスなど、価値あるものにあふれている**という視点です。

本当に必要なのは2、3の知恵だけで、いちばん必要なことは放っておいても目の前にくり返し現れてくれるものです。こちらから探しまわる必要はありません。

「豊かさのマインドセット」へのカギは、「生きていくのに必須だと思っていたけれど、もう役に立たないもの」を手放すことです。

「誤った安心感を与えてはくれるけれど、最高の自分を引き出してはくれない、価値の低い仕事」を捨てること。

「重要そうに見えるけれど、自分のためにはならない、価値の低い情報」を捨てること。

「他者の意見から身を守れ！」と恐怖心をあおる盾をおろすこと。その盾のせいで、彼らが与えてくれる贈り物を受け取ることができないのですから。

義務から奉仕への変化

多くの人は、「他者の役に立ちたい」という自然な思いを胸に抱えているものだとわたしは信じています。**教えたい、手伝いたい、貢献したい。お返ししたいという願望は、人間らしい根本的な部分**です。

ところが多くの人はその思いを出し惜しみし、いつか十分な時間、余裕、知識が手に入るときまで待っているのです。けれどもそんな日はいつ来るでしょうか？

もちろん、人を助けている余裕などない、自分の世話で精いっぱいというときもあるでしょう。それでも、セカンドブレインに知識をどんどん集積していくと、誰かの役に立ちたいという内なる願望がふつふつとわいてきます。

知識の目的は共有です。学びとは、知識を金貨のごとく溜め込むことではないはずです。増えるほど磨き抜かれて価値の高まるリソースは知識だけです。

世界では、貧困、不平等、犯罪などの社会的問題、そして、格差、教育の欠如、労働者の権利などの経済問題や、企業組織の問題が解決を待っています。日々の暮らしに関わる困りごと、ビジネスの製品やサービスについてなど、問題を抱えている人たちの力に、あなたがなることができるかもしれません。

セカンドブレインづくりに唯一無二の方法はありません。

自分自身の仕事がはかどり、楽しく続けられるのなら、それがぴったりなのです。ある1つのプロジェクトから始め、スキルの上達に合わせて徐々により野心的、あるいは複雑なステップへ進んでいったり、気づいたら自分でもまるで予想していなかったやり方でセカンドブレインを使っていたりすることもあるでしょう。

自分のニーズの変化に合わせて、どうぞ自由にカスタマイズしてください！

本書で納得できない、または自分の心には響かない部分はスルーしてかまいません。

いつでも4つの「CODEメソッド」を思い出してください。

そして、どの時点であっても、やることが多すぎると感じたときは一歩下がり、いちばん大事なプロジェクトや優先事項など、いますぐやるべきことに集中します。

いまからスタートできる「セカンドブレイン12のステップ」

最後に、セカンドブレインを今日からスタートさせるための12のステップを、ここにまとめておきます。

1　収集（キャプチャー）したいものを決める

セカンドブレインはなんでも書き込める備忘録や日誌だと考えましょう。自分がもっとも収集（キャプチャー）したいもの、学びたいこと、調べたいこと、共有したいこと――自分にとって重要なテーマを2、3種類確認するところから始めましょう。

2　ノートアプリを選ぶ

ノートアプリを使っていないなら、いますぐ1つ手に入れること。3章を参照するか、最新アプリは、Buildingasecondbrain.com/resources/ でも紹介しています（無料）。

3　キャプチャーツールを選ぶ

〝あとで読む（read later）アプリ〟がおすすめです。興味のあるオンライン記事やコンテンツを保存しておきましょう。だまされたと思ってやってみてください、このひと手間でコンテンツの消費の仕方が永遠に変わりますよ。

4　PARAをセットアップする

PARAの4つのフォルダ（プロジェクト、エリア、リソース、アーカイブ）をつくり、行動への移しやすさを考えながら、現在取り組んでいるプロジェクトごとにフォルダ（またはタグ）を作成します。そこから先はプロジェクトに関連するメモ集めに集中。

5　〝12の質問〟を決め、そこからひらめきを得る

お気に入りの質問リストを作成してメモとして保存し、収集（キャプチャー）するもののアイデアがほしいときはリストを見直します。これらを（イエス／ノーの二択ではない）オープンエンドの質問を使ってふるいにかけ、テーマを決めます。

6　電子書籍のハイライトを自動で収集する

〝あとで読むアプリ〟や電子書籍アプリなどからハイライト部分をデジタルノート（わたしがおすすめするアプリはBuildingasecondbrain.com/resources/を参照）へ自動で送信するよう設定します。

7　プログレッシブ・サマライゼーションを実行する

現在取り組んでいるプロジェクトに関連するメモを要約し、ハイライトをつけることを習慣化します。

8　インターミディエイト・パケット（IP）を1つだけ試す

漠然としている、まとまりがない、あるいはたんに困難なプロジェクトを1つ選択し、その中で**1つだけ**取り組みます。

たとえば、ビジネスの企画書、図表、イベントの進行表、上司とのミーティングのテーマなどにプロジェクトを小分けにし、1つだけたたき台を作成したら、少なくとも1人と共有して、フィードバックをもらいます。

9　提出するものを1つはかどらせる

自分に責任のあるプロジェクトから提出するものを1つ選び、〝アイデアの飛び石〟〝ヘミングウェイの橋〟〝スコープのスケールダウン〟などの戦略を使い、セカンドブレインに保管してあるメモだけで作業を進めましょう。

10 週次レビューをスケジュール化する

カレンダーの〝くり返し設定〟で毎週振り返りを登録し、週次レビューを習慣化します。週次レビューでは、メモの〝未処理箱〟を片づけ、今週の優先事項を決めるだけにします。自信がつけば、ほかのステップを足していきましょう。

11 メモを取る力を自己評価する

Buildingasecondbrain.com/quiz/で無料公開している評価ツールを使い、現在のメモの取り方と改善できそうなことを考えてみましょう。

12 コミュニティに参加する

自分に合ったウェブ上のプラットフォームで#PKM（Personal Knowledge Management パーソナル・ナレッジ・マネジメント）、#SecondBrain、#BASB（Building a Second Brain セカンドブレインをつくる）、または#toolsforthought（思考のためのツール）などのコミュニティに参加してみましょう。

本書から学んだことや、気づいたこと、発見したことをなんでも共有してみてください。

セカンドブレインを構築することは、一定の期間内に取り組めば達成できるプロジェクトである一方、それを「使うこと」は、生涯にわたる実践です。

皆さんにも幼いころは習得など不可能に思えたのに、いまやそれなしに生活することは想像できない習慣やスキルがあるはずです。

セカンドブレインもそれと同じこと。いまはこれが本当にできるのか、役に立つのかわからなくても、いずれ「そこにある」のが当たり前になります。

最後に1つだけアドバイスを。

どんなときも胸がワクワクすることを追い求めてください。どんなにささいなことでも、新たな可能性に心引かれることがあれば、あなたの心をつかんだものを全力で追いかけてください。

そう、もちろんメモの用意だけはお忘れなく！

参考文献

本書で紹介したアイデアの出典に誤りがある、または出典がないなどの間違いがありましたら、hello@fortelabs.comまでお知らせくだされば可能なかぎりすみやかに訂正いたします。加えて、Buildingasecondbrain.com/endnotesに出典および参考文献の最新版と訂正を掲載しています。

01
(Ⅰ)Erik Brynjolfsson and Andrew McAfee, *The Second Machine Age: Work, Progress, and Prosperity in a Time of Brilliant Technologies* (New York: W. W. Norton & Company, 2014), Amazon Kindle Location 1990 of 5689.(邦訳『ザ・セカンド・マシン・エイジ』エリック・ブリニョルフソン、アンドリュー・マカフィー著、村井章子訳、日経ＢＰ、２０１５年)

02
(Ⅰ)Nick Bilton, "Part of the Daily American Diet, 34 Gigabytes of Data," *New York Times*, December 9, 2009, https://www.nytimes.com/2009/12/10/technology/10data.html.
(Ⅱ)Daniel J. Levitin, "Hit the Reset Button in Your Brain," *New York Times*, August 9, 2014, https://www.nytimes.com/2014/08/10/opinion/sunday/hit-the-reset-button-in-your-brain.html?smprod=nytcore-iphone&smid=nytcore-iphone-share.

(Ⅲ)Microsoft, *The Innovator's Guide to Modern Note Taking: How businesses can harness the digital revolution*, https://info.microsoft.com/rs/157-GQE-382/images/EN-US%2017034_MSFT_WWSurfaceModernNoteTaking_ebookRefresh_R2.pdf.

(Ⅳ)IDC Corporate USA, *The Knowledge Quotient: Unlocking the Hidden Value of Information Using Search and Content Analytics*, http://pages.coveo.com/rs/coveo/images/IDC-Coveo-white-paper-248821.pdf.

(Ⅴ)Robert Darnton, *The Case for Books: Past, Present, and Future* (New York: PublicAffairs, 2009), 224.

(Ⅵ)Craig Mod, "Post-Artifact Books and Publishing," craigmod.com, June 2011, https://craigmod.com/journal/post_artifact/.

03

(Ⅰ)Wikipedia, s.v., "Molecular Structure of Nucleic Acids: A Structure for Deoxyribose Nucleic Acid,"（２０２１年10月13日にアクセス）https://en.wikipedia.org/wiki/Molecular_Structure_of_Nucleic_Acids:_A_Structure_for_Deoxyribose_Nucleic_Acid.

(Ⅱ)Nancy C. Andreasen, "Secrets of the Creative Brain," July/August 2014, https://www.theatlantic.com/magazine/archive/2014/07/secrets-of-the-creative-brain/372299/.

(Ⅲ)Wikipedia, s.v., "Recency Bias,"（２０２１年10月13日にアクセス）https://en.wikipedia.org/wiki/Recency_bias.

(Ⅳ)Robert J. Shiller, "What to Learn in College to Stay One Step Ahead of Computers," *New York Times*, May 22, 2015, https://www.nytimes.com/2015/05/24/upshot/what-to-learn-in-college-to-stay-one-step-ahead-of-computers.html?smprod=nytcore-iphone&smid=nytcore-iphone-share.

(Ⅴ)説得とセールスがほぼすべての人たちにとっていかにビジネスの基本となっているかについての興味深い洞察は以下を参照。Daniel Pink, *To Sell Is Human: The Surprising Truth About Moving Others* (New York: Penguin Group, 2012), 6.(邦訳『人を動かす、新たな3原則 売らないセールスで、誰もが成功する!』ダニエル・ピンク著、神田昌典訳、講談社、２０１３年)

(Ⅵ)Tim Ferriss, *Tools of Titans: The Tactics, Routines, and Habits of Billionaires, Icons, and World-Class Performers* (New York: HarperCollins, 2017), 421.(邦訳(『巨神のツール 俺の生存戦略 知性編』ティム・フェリス著、川島睦保訳、東洋経済新報社、２０２２年)

(Ⅶ)Erwin Raphael McManus, *The Artisan Soul: Crafting Your Life into a Work of Art* (New York: HarperCollins, 2014), 171.

04

(Ⅰ)Gian-Carlo Rota, *Indiscrete Thoughts* (Boston: Birkhäuser Boston, 1997), 202.

(Ⅱ)James Gleick, *Genius: The Life and Science of Richard Feynman* (New York: Open Road Media, 2011), 226.(邦訳『ファインマンさんの愉快な人生』ジェームズ・グリック著、大貫昌子訳、岩波書店、１９９５年)

(Ⅲ)Raymond S. Nickerson, "Confirmation Bias: A Ubiquitous Phenomenon in Many Guises," *Review of General Psychology 2*, no.2 (June 1998): 175–220, https://journals.sagepub.com/doi/10.1037/1089-2680.2.2.175.

(Ⅳ)Marianne Freiberger, "Information is surprise," *Plus Magazine*, March 24, 2015, https://plus.maths.org/content/information-surprise.

(Ⅴ)Dacher Keltner and Paul Ekman, "The Science of 'Inside Out,'" *New York Times*, July 3, 2015, https://www.nytimes.com/2015/07/05/opinion/sunday/the-science-of-inside-out.html.

(Ⅵ)Stephen Wendel, *Designing for Behavior Change: Applying Psychology and Behavioral Economics* (Sebastopol, CA: O'Reilly Media, 2013).（邦訳『行動を変えるデザイン 心理学と行動経済学をプロダクトデザインに活用する』Stephen Wendel著、武山政直監訳、相島雅樹・反中望・松村草也訳、オライリー・ジャパン、２０２０年）

(Ⅶ)Zachary A. Rosner et al., "The Generation Effect: Activating Broad Neural Circuits During Memory Encoding," *Cortex* 49, no.7 (July–August 2013), 1901–1909, https://doi.org/10.1016/j.cortex.2012.09.009.

(Ⅷ)James W. Pennebaker, "Writing about Emotional Experiences as a Therapeutic Process," *Psychological Science 8*, no.3 (May 1997), 162–66.

05

(Ⅰ)Twyla Tharp, *The Creative Habit: Learn It and Use It For Life* (New York: Simon & Schuster,

2003), 80. (邦訳『クリエイティブな習慣―右脳を鍛える32のエクササイズ』トワイラ・サープ著、杉田晶子訳、白水社、２００７年)

(Ⅱ)Joan Meyers-Levy and Rui Zhu, "The Influence of Ceiling Height: The Effect of Priming on the Type of Processing That People Use," *Journal of Consumer Research* 34, no.2 (2007): 174–86, https://doi.org/10.1086/519146.

(Ⅲ)Adam Davidson, "What Hollywood Can Teach Us About the Future of Work," *New York Times Magazine*, May 5, 2015.

06

(Ⅰ)"Inside Francis Ford Coppola's *Godfather* Notebook": https://www.hollywoodreporter.com/news/general-news/inside-francis-ford-coppolas-godfather-notebook-never-before-seen-photos-handwritten-notes-9473-947312/.

(Ⅱ)*Francis Coppola's Notebook*, imdb.com, 2001, https://www.imdb.com/title/tt0881915/.

(Ⅲ)Jess Wise, "How the Brain Stops Time," *Psychology Today*, March 13, 2010, https://www.psychologytoday.com/us/blog/extreme-fear/201003/how-the-brain-stops-time.

(Ⅳ)Meghan Telpner, *Academy of Culinary Nutrition*, Academy of Culinary Nutrition(blog), https://www.culinarynutrition.com/blog/.

07

(Ⅰ)Deborah Barreau and Bonnie A. Nardi, "Finding and Reminding: File Organization

from the Desktop," *ACM SIGCHI Bulletin* 27, no.3 (1995), 39–43, https://doi.org/10.1145/221296.221307. Joseph A. Maxwell, "Book Review: Bergman, M. M. (Ed.). (2008). Advances in Mixed Method Research. Thousand Oaks, Ca: Sage," *Journal of Mixed Methods Research* 3, no.4 (2009), 411–13, https://doi.org/10.1177/1558689809339316.
（Ⅱ）William P. Jones and Susan T. Dumais, "The spatial metaphor for user interfaces: experimental tests of reference by location versus name," *ACM Digital Library* 4, no.1 (1986), https://doi.org/10.1145/5401.5405.

08 （Ⅰ）Danny Choo, "DIY: How to write a book," boingboing, January 27, 2009, https://boingboing.net/2009/01/27/diy-how-to-write-a-b.html.

09 （Ⅰ）Dan Charnas, *Work Clean: The Life-Changing Power of Mise-en-Place to Organize Your Life, Work, and Mind* (Emmaus, PA: Rodale Books, 2016).

10 （Ⅰ）Lynne Twist, *The Soul of Money* (New York City: W. W. Norton & Company, 2017), 43.
（邦訳『人類最大の秘密の扉を開く ソウル・オブ・マネー 世界をまるっきり変えてしまう《お金とあなたとの関係》』リン・トゥイスト著、牧野内大史訳、ヒカルランド、２０１３年）

本文写真（p.112-113）

SECOND BRAIN《セカンドブレイン》時間《じかん》に追《お》われない「知的生産術《ちてきせいさんじゅつ》」

2023年4月6日発行

著　者――ティアゴ・フォーテ
訳　者――春川由香
発行者――田北浩章
発行所――東洋経済新報社
〒103-8345　東京都中央区日本橋本石町 1-2-1
電話＝東洋経済コールセンター　03(6386)1040
https://toyokeizai.net/

装　丁…………西垂水　敦・松山千尋（krran）
D T P…………天龍社
印刷・製本……丸井工文社
編集協力………ラパン
編集担当………能井聡子

Printed in Japan　　ISBN 978-4-492-55821-8